“十三五”国家重点出版物出版规划项目

中国经济治略丛书

深化税收体制改革研究

Research on Deepening the Reform of Taxation System

李齐云 著

中国财经出版传媒集团

经济科学出版社
Economic Science Press

图书在版编目（CIP）数据

深化税收体制改革研究/李齐云著．—北京：经济科学出版社，2018.12
（中国经济治略丛书）
ISBN 978－7－5218－0137－8

Ⅰ．①深…　Ⅱ．①李…　Ⅲ．①税收改革－研究－中国　Ⅳ．①F812.422

中国版本图书馆 CIP 数据核字（2019）第 011893 号

责任编辑：于海汛　冯　蓉
责任校对：杨　海
责任印制：李　鹏

深化税收体制改革研究
李齐云　著
经济科学出版社出版、发行　新华书店经销
社址：北京市海淀区阜成路甲 28 号　邮编：100142
总编部电话：010－88191217　发行部电话：010－88191522
网址：www.esp.com.cn
电子邮件：esp@esp.com.cn
天猫网店：经济科学出版社旗舰店
网址：http://jjkxcbs.tmall.com
北京季蜂印刷有限公司印装
710×1000　16 开　9.25 印张　160000 字
2019 年 1 月第 1 版　2019 年 1 月第 1 次印刷
ISBN 978－7－5218－0137－8　定价：32.00 元
（图书出现印装问题，本社负责调换。电话：010－88191510）

总序

经过了40年波澜壮阔的改革开放，中国的经济建设成就辉煌、举世瞩目。然而在欣喜之余，我们却蓦然发现，资源枯竭、环境恶化、发展失衡、矛盾凸显……如何克服这些困扰从而实现强国之梦？这已经成为每一位中国人时常思考的问题。作为在中国这片热土上成长起来的经济学者，汲取着经济腾飞的红利，享受着承平盛世的幸福，自然不敢也不该忘忧祖国的困境。总结、梳理我们的经验，守护、完善我们的制度，恪守、坚持我们的目标，均构成了中国经济学者义不容辞的责任与担当。

然而，经济系统纷繁复杂、新生现象如火如荼、现实问题无限细分，利益主体盘根错节，我们既无心更无力全面而深入地分析中国经济所面临的每一个问题。但是，我们深信躬身学习是崛起之道、强壮自身是发展之本。因此，我们选择了美国贸易竞争力、新政治经济学、品牌经济学、中国宏观金融风险、企业出口市场选择、人民币汇率、税收以及收入分配制度改革、“三农”问题等专题，出版了这套《中国经济治略丛书》，希望既能探寻学术研究的科学之道，又能落脚经济学的基本原则——经世济民，竭力让学术探索回归其普惠大众的终极功能。我们试图剖析、破解约束中国经济发展的上述一系列难题，为实现中华民族的振兴之梦贡献自己的绵薄之力。

诚然，囿于时间、知识以及能力，错误与不足之处在所难免，恳请各位前辈后学不吝赐教，以期抛砖引玉，激发对中国经济问题的更多分析或关注。最后，我们感谢所有参与丛书编写工作的专家学者，感谢经济科学出版社总编辑吕萍女士以及其出色的工作团队。

李长英

2016 年仲秋

前言

本书是国家社会科学基金项目（13BJY155）“深化税收体制改革研究”的最终研究成果，项目于2017年9月完成并结项。

自党的十八届三中全会做出的《中共中央关于全面深化改革若干重大问题的决定》提出“完善税收制度”的改革要求，并确立方向和目标以来，我国的税收制度改革不断向纵深发展。随后，《深化财税体制改革总体方案》进一步提出了深化财税体制，建立健全有利于转变经济发展方式、形成全国统一市场、促进社会公平正义的现代财政制度，建立税种科学、结构优化、法律健全、规范公平、征管高效的税收制度改革目标和任务。党的十九大再次重申了加快建立现代财政制度，“深化税收制度改革”的重大部署。因此，面对新时代新要求，必须加快财税改革步伐，完善体制机制，更好发挥财税制度在国家治理中的基础和重要支柱作用。

税收制度和税收体制改革是财税体制改革的关键环节。税收体制，即税收管理体制，是财政管理体制的重要组成部分。积极推进处于国家财政核心支柱地位的税收制度和税收体制改革，将为全面深化财税体制改革奠定坚实的基础，从而为持续发展经济、不断改善民生、促进社会公正提供强大动力，发挥好它作为国家治理体系的基础和重要支柱的作用，为实现新时代的奋斗目标奠定科学完备的制度基础。鉴于目前我国税收体制的制度设计存在缺陷和体制运行中存在诸多亟待解决的问题，探讨如何完善我国现行税收体制的路径和策略就显得极为迫切、必要和重要，这也就成为当下继续深入研究和改革现行税收体制的基本原因和充足理由。本项研究就是试图通过对税收体制的深入分析，探讨建立新型税收体制的改革路径和改进措施。

本项研究为践行党的十八大所提出的“加快改革财税体制，健全中央和地方财力与事权相匹配的体制”的目标和任务，落实党的十九大提出的加快“建立现代财政制度，深化税收制度改革”的重大部署而着力于进行理论和制度创新。其理论价值和意义在于：揭示构建财力与事权相匹配的财税体制进程中税收体制运行的特点、内在机理和客观规律性，研究税收体制的主要内容和有效运行机制，促进新型税收体制基本制度框架的理论体系的构建。同时，课题研究的内容涉及税收体制的制度框架、基本内容、运行机理及演进方向，提出了税收体制改革的总体思路、改进方案和政策建议，这对政府的科学决策和财税制度建设具有重要的参考价值和实践指导作用。

本项研究的主要建树和贡献体现在：将税收体制的改革和完善提升到国家治理体系和治理能力现代化的高度，深刻阐明其改革与创新的重大意义和紧迫性，创新性提出“税收制度和税收体制改革是财税体制改革的关键环节，积极推进处于国家财政核心支柱地位的税收制度和税收体制改革，将为全面深化财税体制改革奠定坚实的基础，同时也是推进国家治理体系和治理能力现代化、促进经济发展和社会进步的必然要求”的核心观点；对税收体制的基本理论、框架设计和构成要素等做出了系统的梳理、归纳和阐述，厘清了税收分权的模式和运行机理；对当前我国财税体制状况，尤其是税收管理权限划分情况、效应作用进行了深入细致的实证分析，模拟检测了税收分权程度与经济增长的关联度，为科学合理界定税收管理权限的必要性和理论假说提供了坚实的客观佐证；对税收体制改革方向、目标和总体思路进行了科学和创造性的设计，并重点从三个重要的“维度”勾画了完善财税体制的主要策略，可以为构建适应我国国情的税收体制提供参照方案和对策建议。

本项研究成果的学术价值体现在它的创造性、系统性及全面性，对当前我国税收体制的基础理论问题进行了梳理分析，深刻论证了税收体制的基本内容和运行机制，以及税权体系的基本架构和运作机理。项目研究的科学性、先进性及提出的改革思路和具体建议的可行性、适用性，会对财税理论学界产生一定的启迪作用，引导学术研究更多关注财税实际运行的过程及效果，探索解决实际问题的方法和途径；提出的政策建议，可供经济决策部门和财税部门参考，用于指导财税实际工作，将对财税体制改革和经济社会发展产生良好的促进作用，并获得可期的良好社会经济效益。

诚然，由于本人理论和研究水平所限，本项目还存在着需进一步深入研究的问题。比如，在研究过程中因受客观条件所限，对税收体制在具体某地实行情况的个例和样本的选择还不够广泛，对特殊个例的深入分析尚不够细致，因此对我国税收体制的特殊运行规律和特点还有待进一步研究；对税收体制和税权划分问题的研究，涉及经济学、管理学、法学、行政学等多学科的融合，本项目在多学科交叉融合研究方面尚有待加强；还应对税收体制良性运行的途径和具体措施，以及税权合理划分的制度设计和法律体系等作出更加深入和系统的研究。

在我本人从事财政科学研究和教学工作的30多年里，曾主持或参加了8项国家社科基金项目的研究，其中包括作为子课题负责人参与国家社会科学基金重大项目1项，主持国家社会科学基金重点项目1项和国家社会科学基金一般项目3项。现在呈现在读者面前的是本人主持的国家社会科学基金一般项目的研究成果。

本项研究从课题论证申报，到课题研究写作，再到课题结项和编辑出版，得到了众多专家学者的指导、帮助和支持，特向他们表示衷心的感谢。他们是：山东大学樊丽明教授，中国人民大学安体富教授、朱青教授、吕冰洋教授、岳树民教授，武汉大学吴俊培教授、卢洪友教授，中央财经大学马海涛教授、汤贡亮教授，上海财经大学丛树海教授、刘小兵教授，中国社会科学院高培勇教授、杨志勇研究员、张斌研究员，财政部财政科学研究院刘尚希教授，国家税务总局靳东升研究员、龚辉文研究员，东北财经大学马国强教授、孙开教授，天津财经大学武彦民教授，山东财经大学马恩涛教授，山东省社会科学院张文研究员。

在本项目的研究过程中，得到山东大学经济学院同事和老师们的大力支持和协助，使得本项研究圆满完成并付梓出版。在此，特向山东大学经济学院的老师和同事们表示衷心的感谢。他们是：李华、李一花、李文、汤玉刚、陈东、苏春红、解垩、石绍宾、常世旺、李金龙、韩振等。山东大学的数位博士生和硕士生参加了数据资料的整理和收集、调查研究及书稿编纂等工作，他们是：马万里、迟诚、周雪、朱洁、高凌云、鲍文爽、席华、马鹏霄、王泽龙、商祺、刘美洁、孙靖然、申越、鲁家琛、樊雪蓓、解雨巷等。博士生周雪在项目研究和结题、书稿编辑和校对等工作中做出了特殊的贡献。在此，向他们表示感谢！

本课题研究和本书编写过程中，听取和吸收了许多专家学者的意见和建议，借鉴了国内外专家学者的大量科研成果，在此表示诚挚的谢意。

本书的编辑出版得到经济科学出版社社长吕萍女士、于海汛主任、宋涛编辑、冯蓉编辑等鼎力相助，向他们表达诚挚的谢意！对他们的热忱、认真和一丝不苟的工作态度表示由衷的钦佩。

本书的出版还得到山东大学经济学院专著出版资金资助。

由于研究时间所限及水平有限，书中的疏漏和缺点在所难免，诚望读者批评指正。

李齐云

2018 年 5 月于山东大学

CONTENTS 目录

第 1 章

导　论

1.1　选题背景

1994 年实施分税制改革以来，我国税收制度不断调整和完善，初步建立了适应社会主义市场经济体制的税制体系框架，为建立现代财政制度奠定了良好的基础，调动了地方、企业的积极性，实现了政府财力增强与经济高速增长。但随着国内外形势和经济社会的不断发展，我国进入了一个新的发展阶段，经济增长速度、动力和发展方式都发生了深刻变化，经济发展面临的环境约束、风险条件等也发生了深刻变化，经济体制改革也在不断深化，现行税收体制的制度优势正在逐渐削弱，这必然要求税收体制要不断进行完善。

2014 年 6 月 30 日，中央政治局召开会议审议通过的《深化财税体制改革总体方案》中提出："深化税收制度改革，优化税制结构、完善税收功能、稳定宏观税负、推进依法治税，建立有利于科学发展、社会公平、市场统一的税收制度体系，充分发挥税收筹集财政收入、调节分配、促进结构优化的职能作用；调整中央和地方政府间财政关系，在保持中央和地方收入格局大体稳定的前提下，进一步理顺中央和地方收入划分，合理划分政府间事权和支出责任，促进权力和责任、办事和花钱相统一，建立事权和支出责任相适应的制度。"在当前"营改增"政策全面推开的背景下，地方政府原有的主体税种消失，如何加快税制改革，弥补地方财政收入的减少并构建有利于基层政府事权与支出责任相匹配的地方税收体系，是税制改革不可回避的重大问题。

关于财税体制改革，中共十八届三中全会通过的《中共中央关于全面深化改革若干重大问题的决定》（以下简称《决定》）指出："财政是国家治理的基础和重要支柱，科学的财税体制是优化资源配置、维护市场统一、促进社会公平、实现国家长治久安的制度保障。必须完善立法、明确事权、改革税制、稳定税负、透明预算、提高效率，建立现代财政制度，发挥中央和地方两个积极性。"《决定》扩大了税收的调控功能，税制改革可以在生态文明建设、社会事业发展、环境保护等方面发挥牵引作用，当前制约我国经济社会发展的许多具有全局性影响的问题，如地方债务风险、产业结构调整、城镇化推进、改善民生导向和宏观经济政策布局等，都同财税体制密切相关。财税体制改革牵一发而动全身，已经成为当前这一场全面深化改革战役的突破口和主线索。① 新时期的税制改革是顺应国家治理现代化这条主线，建立有利于科学发展、社会公平、市场统一的现代税收制度体系，充分发挥税收筹集财政收入、调节分配、促进结构优化的职能作用。这赋予了税收体制改革重要的历史使命，明确了税收体制改革的任务，对税收体制的改革提出了新要求。

《决定》以"完善税收制度"为标题，在"稳定税负"的前提下，对新一轮的税制改革做了系统部署："深化税收制度改革，完善地方税体系，逐步提高直接税比重。推进增值税改革，适当简化税率。调整消费税征收范围、环节、税率，把高耗能、高污染产品及部分高档消费品纳入征收范围。逐步建立综合与分类相结合的个人所得税制。加快房地产税立法并适时推进改革，加快资源税改革，推动环境保护费改税。"

2015 年通过的"十三五"规划也对财税体制改革进行了具体的设计，规划提出："深化财税体制改革，建立健全有利于转变经济发展方式、形成全国统一市场、促进社会公平正义的现代财政制度，建立税种科学、结构优化、法律健全、规范公平、征管高效的税收制度。建立事权和支出责任相适应的制度，适度加强中央事权和支出责任。调动各方面积极性，考虑税种属性，进一步理顺中央和地方收入划分。建立全面规范、公开透明的预算制度，完善政府预算体系，实施跨年度预算平衡机制和中期财政规划管理。建立规范的地方政府举债融资体制。"

当前国际经济格局不断调整，中国经济深度融入世界经济的趋势明显，这就要求财税体制不仅要在国内经济中发挥作用，也要在国际经济中

① 中国社会科学院财经战略研究院课题组、高培勇、杨志勇：《全面深化财税体制改革的基本方向》，载《经济研究参考》2014 年第 22 期，第 3 ~ 8 页。

扮演重要角色。我们必须奉行互利共赢的开放战略，积极参与全球经济治理和公共产品供给，提高我国在全球经济治理中的制度性话语权。当前新一轮国际税收新秩序正在形成，国际税收领域 BEPS 行动计划需要各国共同应对，调整国内和国外税收制度，顺应国际税收新秩序也是推进当前税制改革的重要原因和背景。①

1.2 研究意义和价值

税收制度和税收体制作为财政制度至关重要的组成部分，与一国政治、经济改革和社会变迁始终密切相关。面对当前我国经济发展一系列突出矛盾和挑战，现行税收制度和税收体制必须根据实体经济变化形势做出部署。在基本确立社会主义市场经济体制框架的基础上，如何在经济体制、政治体制、文化体制、社会体制和生态文明建设体制改革的彼此联动中，取得改革的总体效应，形成改革的总体效果，实现国家治理的与时俱进，已经作为一个新的改革方向追求而提至我们面前。②

深化税收制度和税收体制改革是推进国家治理体系和治理能力现代化的必然要求。国家治理体系和治理能力是一个国家制度及其执行能力的集中体现。财政是现代国家治理的基础，税收则是财政的核心支柱，直接关乎国计民生，影响强国富民和稳定发展。市场经济国家大都把税收作为国家治理中宏观经济调控的重要政策工具。税制是否科学完善、是否能够有效实施，直接表明国家治理体系和治理能力现代化水平。深化税制改革，不仅关乎经济体制改革乃至政治、社会、文化、生态文明等改革，而且有利于增强国家财政实力，规范政府与市场主体分配关系，促进经济健康发展、社会和谐稳定、国家长治久安。国家治理现代化对现代税收制度构建至少有以下要求：一是适应性与稳定性。税收制度既要随着经济社会发展的要求而做出适应性的调整和完善，也要保持基本稳定，这是保持经济社会主体预期稳定的基本条件。税收制度由于其基础性、支撑性以及影响面广决定的特点，不可使税收过度工具化，总处于“相机抉择”之中。二是税收法定。这包括制度法定和行为法定，强化制度刚性，减少执行弹性，

① 第三批全国税务领军人才培养研修班征管现代化专业课题组、欧阳明：《“新一轮税制改革背景、思路及政策建议”综述》，载《税收经济研究》2016 年第 4 期，第 87 ~ 92 页。

② 高培勇：《论完善税收制度的新阶段》，载《经济研究》2015 年第 2 期，第 4 ~ 15 页。

提高税法遵从的自觉性，维护市场统一和社会公平。三是利益协调。平衡好纳税主体间、政府间利益关系，求得改革的最大共识。同时，也要求税收改革要协调好与其他各项改革的关系。

深化税收制度和税收体制改革是促进经济发展和社会进步的必然要求。在经济发展方面，税收在参与初次分配过程中，其不仅具有引导社会资源流动方向、调整社会资源配置的能力，通过税收职能的发挥，不仅能够引导经济资源退出落后产业、产能过剩产业，向新兴产业、优势产业、朝阳产业流动，推动经济体系良性循环，实现再平衡、再增长，而且其自动稳定和“相机抉择”的功能对于经济周期的调整具有明显效果。在社会进步方面，税收参与社会再分配的过程中，对促进利益分配的合理调整，解决高速增长之后出现的不平衡、不协调、不可持续问题，缓解城乡差距和收入分配失衡问题，缓和社会尖锐矛盾等具有很强的现实意义。应该说，税收职能的发挥在宏观上和微观上都能起到四两拨千斤的功效，在全面深化改革的时代背景下，税收在国家治理中的重要地位牢不可破。①

税收制度和税收体制改革是财税体制改革的关键环节，积极推进处于国家财政核心支柱地位的税收制度和税收体制改革，将为全面深化财税体制改革奠定坚实的基础，从而为持续发展经济、不断改善民生、促进社会公正提供强大动力，为实现“两个一百年”奋斗目标奠定科学完备的物质和制度基础。

本课题为践行党的十八大所提出的“加快改革财税体制，健全中央和地方财力与事权相匹配的体制”而着力于进行理论创新、制度创新。其研究价值和理论意义在于：深刻揭示构建财力与事权相匹配的财税体制进程中税收体制运行的特点、内在机理和客观规律性，创造性地研究税收体制的主要内容和有效运行机制，促进新型税收体制模式和基本制度框架的理论体系的构建。

从现实意义和应用价值看，鉴于目前我国税收体制的制度设计存在缺陷和体制运行中存在诸多亟待解决的问题，探讨如何完善我国现行税收体制的路径和策略就显得极为迫切、必要和重要。本课题的研究，涉及税收体制的制度框架、基本内容、运行机理及演进方向，提出税收体制改革的总体思路和政策建议，为决策当局构建适应我国经济社会发展的税收体制提供参照方案，对政府的科学决策和财税制度建设具有重要的参考价值、

① 吴俊培、张帆：《基于税收体制对中国税制改革探讨》，载《中央财经大学学报》2015年第1期，第3~10页。

实践指导作用和可操作性，有益于我国财税体制的进一步完善。

1.3 相关概念界定

1.3.1 税收体制

税收体制，即税收管理体制，是财政管理体制的重要组成部分，对于税收体制的具体内涵，学者们有不同的观点。

杨斌、雷根强、胡学勤（2003）认为，税收体制是关于中央政权和地方政权之间的税收决策（包括税收立法、行政、司法各个方面）管理权限的界定、相应组织体系的建立、税款在中央与地方之间分配的规范和制度的总称，实质上体现了中央与地方的税收分配关系。

王春梅、蒲蓉（2004）认为，税收体制是在各级国家机构之间划分税权的制度。税权的划分有纵向划分和横向划分。纵向划分是指税权在中央与地方国家机构之间的划分；横向划分是指税权在同级立法、司法、行政等国家机构之间的划分。

杨抚生（2007）认为，税收体制是在中央和地方政府之间建立起一套税收立法、执法及税收管理权限划分的行政规范。

王国华（2008）认为，税收体制是规定国家各级政府税收管理权限的制度。税收管理权限包括税收的立法权和税收的执法权。

分析上述观点，本书研究认为，税收体制是划分中央与地方税收管理权限的一项制度安排，税收管理权限包括建立税收制度的权限和执行税收制度的权限，其核心问题是如何划分中央与地方建立税收制度的权限，即税收立法权。

1.3.2 税收管理权限

对税收体制的研究，集中体现在如何划分中央与地方的税收管理权限上。税收管理权限，是国家权力在税收领域的一种形式，简称“税权”。本书在不加特别说明的情况下即用税权代替税收管理权限。

在1991年4月9日七届全国人民代表大会第四次会议通过的《中华

人民共和国国民经济和社会发展十年规划和第八个五年计划纲要》中，"税权"一词首次正式出现，其中明确提出要"按照统一税政、集中税权、公平税负的原则，逐步理顺税制结构，强化税收管理，严格依法治税，充分发挥税收在增加财政收入和宏观经济调控中的重要作用"。此后，学者们从经济学、法学等角度对税权的内涵和具体内容进行了研究。

对于税权的内涵，有的学者从政治学角度研究认为，税权是由国家主权派生出的，国家对税收拥有的取得权（课税权）和使用权（支出权）。有的学者从经济学角度研究认为，税权是国家为实现其职能，取得财政收入，在税收立法、税款征收、税务管理方面的权力或权利，是取得财产所有权之权。还有学者从法律角度研究认为，税权在国际层面和国内层面、国家层面与国民层面、立法层面与执法层面是不尽相同的。在国际法中，税权就是税收管辖权，是国家主权的主要组成部分。在国内法中，税权可以从广义和狭义两个角度理解。广义税权的主体众多，因此不同的税权，其客体和内容也不相同。在国家和国民的层面，国家的税权包括税收权力与税收权利，前者是国家的征税权，后者是国家的税收债权。如果从立法与执法的法律运作流程来分析，税收立法机关的税权是税收立法权，而税权执法机关的税权就是指征税主体的各项权利。

对于税权的具体内容，白景明（1996）认为税权包括税收立法权、税收征管权和税收政策制定权三方面内容。税收立法权划分本身属于法权划分，而后两者权限的划分则属于行政管理权限的划分。张守文（2001）认为税权可以分为国际法中的税权和国内法上的税权。前者就是税收管辖权，后者又可分为广义税权和狭义税权。广义税权从征管主体来说是指税收征管权和税收入库权，从纳税主体来说是指税收知情权、税收筹划权、税收减免权、退税请求权等纳税人基本权利，从税收客体来说就是指税收征管权。狭义税权一般是指税收立法权、税收征管权和税收收益权。安体富、王海勇（2006）将税权理解为税收管辖权，内容包括两方面：一是国家与纳税人之间的税权关系，就国家角度而言，这是一种权力与责任的关系；二是不同国家机构之间的税权关系，具体包括税收立法、执法、司法权在国家机构间的配置（"税权划分问题"课题组，2001）。白彦锋（2006）界定了国家税权和政府税权的划分，他认为政府税权只是国家税权的一个子集，国家税权包括税收立法权（基本、主体部分）、政府税权和税收司法权，政府税权包括税收立法权、税收征管权和税收收益权。

本书所研究的税权主要是指白彦锋提出的政府税权，包括税收立法权、税收征管权和税收收益权。

税收立法权是指国家机关依据法定程序制定、修改、补充、解释和废止税收法律规范性文件的权力，包括税法的初创权、税法的修订权和解释权、税法的废止权。其中尤为重要的是税种的开征权和停征权、税目的确定权和税率的调整权、税收优惠的确定权等。

税收征管权是指国家征税机关依据税收法律规范所享有的对税款进行征收、管理和检查的权力，包括税收征收权和税收管理权。税收征收权包括征税权、处罚权、采取税收保全措施权、采取税收强制执行权、追征权和稽查权。税收管理权包括发证（税务登记）权、核定（税款或税基）权、管理（账簿、凭证）权、核准（延期申报和延期纳税）权和检查权等。

税收收益权，也称税收入库权、税收分配权或收入归属权，它因税收征管权的实现而产生，指应由政府职能部门行使的涉及谁有权获取税收收入、谁有权将其缴入哪个国库的权力。从税制运行的过程来看，由于中央财政首先会集中大部分税收收入，因而就掌握了这笔税收收入的初次收益权，即宏观调控权。经过转移支付之后，地方的财政收支缺口得到了弥补，就获得了这部分税收收入的最终收益权。因此，对用于转移支付的这笔税收收入来说，又有初次收益权和最终收益权之分。

1.3.3 税权划分

税权划分，主要包括税权的横向划分和纵向划分两个方面。

税权的横向划分，是指税权在相同层级的不同国家权力机关之间的分割和配置，遵循“相互制约，相互独立”的原则。如，税收立法权的横向配置在国际上主要有两种模式，即独享模式和分享模式。前者更强调严格的税收法定主义，由立法机关独享税收立法权；后者是指税收立法权由立法机关和行政机关等共同分享。具体来说，横向配置的税收立法权包括立法机关专门的立法权、行政机关的立法权以及作为两者之间连接的授权立法权。

税权的纵向划分，是指税权在不同层级的相同国家权力机关之间的分割和配置，遵循“统一领导，分级管理”的原则。如，税收立法权的纵向配置在国际上主要有两种模式，即集权模式和分权模式。集权模式强调税收立法权要高度集中于中央政权；而分权模式则强调应按照分权的原则，将税收立法权在各级政府之间进行分配。

1.4　本书结构安排

研究税收体制改革应重点对以下基本问题做出解答：税收体制改革的目的和根据何在？税收体制改革包括的主要内容是什么？我国税收体制在建立、发展过程中有哪些经验教训应当借鉴和汲取？我国现行税收体制有哪些积极的影响效应，存在什么问题？如何客观、准确评价我国现行税收体制的运行效果？国外成熟市场经济国家的税收体制有哪些特点，有哪些经验值得我国借鉴？如何进一步改进和完善我国现行税收体制，建立起符合社会主义市场要求的现代税收体制？等等。根据以上需解答和解决的问题，构成了本书的框架体系和基本内容。

本书共有 8 章内容：

第 1 章，导论。阐明本书的研究背景和研究意义，对相关的概念进行界定，说明本书结构、研究思路和方法，以及主要创新点。

第 2 章，文献综述。从财政分权理论、政府间财政关系、财税体制改革、税收立法权改革、税收征管改革、地方税体系改革等方面对国内外有关税收体制研究的文献进行系统的梳理，总结国内外学者的研究内容、方法、角度和研究动态，并做出简要评价。

第 3 章，税收体制的基本理论概述。税收体制，是财政管理体制的重要组成部分，对税收体制的研究集中体现在如何划分中央与地方的税收管理权限上。研究中央与地方的税权划分问题应以财政分权为理论基础，厘清税权划分的原则、模式、影响因素和税收分权的运行机理，并分析地方税系和中央税系分设的必然性、原则、划分标准，从而为本书以后的研究做理论上的铺垫。

第 4 章，我国税收体制的历史演变。本章重点从税收分权的角度对我国税收体制的变迁进行历史考察，依据我国经济发展的不同阶段，梳理我国税收体制改革制度背景、路径及内容，总结各个阶段税收立法权、税收征管权和税收收益权的变化，分析税收体制的演变过程。

第 5 章，我国现行税收体制的现状分析。从我国中央政府和地方政府税收分权的跨年度和分级角度对税收分权的现状进行描述性分析，通过对我国现行税收体制的特点进行总结分析，指出我国现行税收体制的积极效应，并从税收立法权、税收征管权和税收收益权三个方面指出我国现行税收体制存在的问题。

第6章，我国现行税收体制的实证分析。本章借鉴财政分权度衡量的方法，从税收立法权、税收征管权、税收收益权三个方面建立税收分权度的衡量指标，合成得出税收分权度指数，并对税收分权与经济增长的关系进行实证分析。从地方财政收入的结构、地方税收收入规模、地方税级配比、地方税收入弹性等方面总结我国现行税收体制的分权情况，并对产生这种现状的原因进行探析。

第7章，税收体制的国际比较。运用比较研究方法，重点论述主要发达国家和发展中国家的税收体制的历史演变、现行税收体制的特点和效应，对美国、日本、德国、英国、法国、俄罗斯和印度的税收体制进行重点考察和比较，并总结出对我国税收体制改革的启示和借鉴之处。

第8章，我国税收体制改革的制度设计与政策建议。基于以上对我国税收体制运行现状和存在问题的全面考察和分析，提出深化税收体制改革的基本要求、基本方向和总体思路，对我国税收体制改革的科学界定和明晰划分政府间税收管理权限提出政策建议，并从房产税、零售消费税和个人所得税等方面提出如何建立和完善地方税体系。

1.5 研究思路和方法

本书研究课题采用理论分析、对比借鉴、描述性分析、实证分析等研究方法，力求把理论研究与现实剖析结合起来，对税收体制的演变、现状和改革路径等进行深入的研究。首先运用理论分析、规范分析等方法，对已有文献资料进行整理和分析，概括出税收体制有关的理论，奠定研究基础。其次是运用实证分析等方法，对我国税收体制现状做出全面客观的评价，运用时间序列数据和横截面数据进行深入分析，考察税收体制的运行效应，总结规律和经验，揭示今后财税体制改革的趋势和重点。再次是运用比较分析方法，将我国税收体制状况与发达市场经济国家和新兴经济体国家进行多层面多角度的对比研究，分析异同，概括一般规律，为建立我国科学规范的税收体制提供参考依据和经验借鉴。最后通过分析我国现行税收体制的效应和问题，提出税收体制改革的总体思路和政策建议，为政府决策和税收制度建设提供科学依据和参考。

1.6 主要创新点

本课题研究为践行党的十八届三中全会提出的“深化税收制度改革”的重要历史使命和“十三五”规划提出的深化财税体制改革的具体任务而进行理论创新、制度创新和管理理念创新，着重对新型税收体制制度架构进行顶层设计。

（1）以公共财政论为理论指导，揭示构建新一轮财税体制进程中税收体制运行的特点、内在机理和客观规律性。

（2）创建新型税收体制模式和基本制度框架的理论体系；开拓性地探索税收体制的实现机制及推进路径；创造性地研究税收体制的主要内容和有效运行机制，设计新型税收体制内容体系和激励机制。

（3）实证考察和检验现行分税制税收体制运行效应，设计我国税收体制改革的整体方案，提出体制再造和制度重构的政策建议。

第 2 章

文献综述

2.1 财政分权理论

在世界范围内，无论是发达国家还是发展中国家，财政的分权化趋势越来越明显。财政分权是指中央政府赋予地方政府在债务安排、税收管理和预算执行方面一定的自主权，从而使得地方政府能够基于当地居民的偏好自由选择所需要的政策类型，实现社会福利最大化。财政分权是税权划分的基础和前提。

2.1.1 第一代财政分权理论

第一代财政分权理论主要是从经济学的视角，以新古典经济学的规范理论作为分析框架，从公共品供给、地方政府的信息优势、政府职能划分等角度出发，对不同政府层级和公共部门职能的财政责任分配问题进行分析，旨在通过优化政府间税收和支出的配置来改进社会福利。主要代表人物有蒂布特、马斯格雷夫和奥茨等。

1. 蒂布特的“用脚投票”理论

1956 年，美国经济学家蒂布特在《地方支出的纯理论》一文中提出，在人口流动不受限制、存在足够多的辖区政府、政府活动不产生外部性、信息完全、无就业限制、公共服务单位成本是常数、政府可根据居民偏好设定公共服务等假设条件下，由于各辖区政府提供的公共产品和税负组合不尽相同，所以各地居民可以根据各地方政府提供的公共产品和税负的组合，去自由选择那些最能满足自己偏好的地方定居。这个过程，就是“用脚投票”。在蒂布特模型的理想状态下，地方政府会竭力提供最佳的公共服务以留住那些具有较高税负能力的居民和投资者。地方税权的存在是居民自由选择和政府提供公共产品的必要前提。

2. 斯蒂格勒最优分权模式理论

1957 年，美国经济学家斯蒂格勒在其发表的《地方政府功能的有理范围》一文中，对地方政府存在的合理性、必要性和为什么需要地方财政这一构成财税体制的基本问题做了公理性解释，并提出了两条基本原则：第一，与中央政府相比，地方政府更接近于自己的选民，地方政府比中央政府更加了解它所管辖的公民的效用和需求；第二，国内不同区域的人们有权对不同种类和不同数量的公共服务进行投票表决，就是说，不同地区的居民有权选择不同种类和数量的公共服务。这说明地方政府的存在是为了更有效地配置资源，进而实现社会福利的最大化。所以，为了实现有效的资源配置和公平的收入分配，决策应在较低行政层次的政府部门进行。

3. 马斯格雷夫的政府职能划分理论

1959 年，美国财政学家马斯格雷夫在《财政理论与实践》中提出了公共部门活动的三个领域，即资源配置、收入分配以及经济稳定，并通过构造一个地区内社区的最优人口规模与最优服务水平的均衡，提出了政府职能划分理论，并指出，在收入分配和经济稳定方面，中央政府具有优势，因为地方政府对宏观经济实施控制缺乏充足的财力，经济主体的流动性也严重束缚了地方政府进行收入再分配的尝试；但是在资源配置方面，地方政府更有优势，更有利于经济效率的提高和社会福利水平的改进。他通过分析财政社区的最佳结构模型，提出高效率的财政体制模式要求有多级财政单位，它们在规模和地区范围上都有区别。其中，属于全国性的公共产品，需要中央政府提供，而那些属于区域性的公共产品，则应当由地方政府提供。因此，应该明确并划分各级政府的职能，再依据各级政府正常行使其职能的财力需要，相应地划分财政管理权限。他认为，就公共产品供给效率和分配的公正性实现而言，在中央政府和地方政府间实施必要的分权是可行的，这种分权可以通过税收在各级政府间的分配固定下来，从而赋予地方政府相对独立的权力。①

4. 布坎南的俱乐部理论

1965 年，美国经济学家布坎南在《俱乐部经济理论》中研究了非纯

---

① R. A. Musgrave, “*The Theory of Public Finance*”, New York: McGraw-Hill, 1959.

公共品的配置效率问题，在公共选择理论的基础上提出了俱乐部理论。他把社区比作“俱乐部”，在此基础上研究了在外部因素的约束条件下一个俱乐部如何确定其最优成员的数量。这一理论核心包括以下两个方面：第一，随着俱乐部成员数量的增加，原有俱乐部成员所承担的成本会由更多的新成员分担，边际服务成本会下降；第二，随着新的俱乐部成员的进入，会产生负外部效应，边际拥挤成本会增加。一个俱乐部的最佳规模应确定在负外部效应所产生的拥挤成本等于由于新成员分担成本所带来的节约的均衡点上。

5. 奥茨的分权定理

1972 年，美国经济学家奥茨在《财政联邦主义》中再次证明了蒂布特模型的有效性，并通过构建有效地方财政模型进一步证明，如果公共产品对所有居民平均提供，且中央政府和地方政府提供公共产品的边际成本相等，那么地方政府向其各自居民提供的帕累托有效产出，总是要比中央向全体居民提供相同的产出量有效得多。也就是说，如果下级政府能够和上级政府提供同样的公共品，那么由下级政府提供则效率会更高。进一步引申出的结论是：“中央政府只应提供具有广泛的偏好相同的公共产品。”

6. 特里西的中央政府偏好误识理论

1981 年，美国经济学家特里西在《公共财政学》一书中通过数学模型证明，如果中央政府在了解公众的边际消费替代率时带有不确定性，它在提供公共产品的过程中就会发生偏差，只要这类不确定存在，就应当要求地方自治来实现社会福利最大化。与中央政府相比，地方政府与本地居民的关系更加紧密，在了解本地居民的消费偏好方面更具有信息优势。因此，由地方政府提供本地区的公共产品可以解决中央政府在提供公共产品过程中的偏好误识现象。偏好误识理论所揭示的不确定性，是地方分权主义的一种更为有力的证据。

2.1.2 第二代财政分权理论

第二代财政分权理论被称为“市场保护型联邦主义”。其在第一代财政分权理论的基础上，以财政和政治激励作为研究视角，假设政府是以自身效用最大化为目标的理性经济人，通过激励相容与机制设计、委托—代理关系等方法，研究如何建立政府与纳税人之间的激励与惩罚机制。该理论的主要代表人物是钱颖一、罗兰、温格斯特等。

1995 年，温格斯特在《政治组织的经济角色：市场保护型联邦主义和经济发展》中通过研究联邦主义对 18 世纪的英国和 19 世纪的美国经济发展的重要作用，提出要保证政府保护市场的承诺持久可信，必须建立一种激励机制来限制政府的经济自由裁量权。

1997 年，钱颖一、温格斯特在《联邦主义和对市场激励的承诺》中提出财政分权可以通过对政府进行有效的约束来保护市场的有效性，地方政府具有信息优势和直接征税权，可以减少信息的传递成本，促使地方政府采取促进当地经济发展的措施。地方政府需要做出两个承诺：一是对经济成果给予积极的市场激励，防止政府过度掠夺市场财富；二是惩罚经济失败，惩罚预算软约束。

1998 年，钱颖一、罗兰在《联邦主义和预算软约束》中指出要素的自由流动、政治分权、财政竞争和转移支付都会造成预算硬约束，并将联邦主义和预算约束的关系分为竞争效应和制衡效应。

2.1.3 财政分权理论的新发展

许多学者在西方两代财政分权理论的研究基础上，通过运用新政治经济学的分析框架，将政治制度、转移支付等引入到财政分权的研究中，开辟了对转型经济体和发展中国家研究的新路径。有的学者认为分权效应取决于地方政府被授予的特定支出与收入权力及其所处的公共决策背景和具体的治理背景。分权效应是非线性的，在不同国家背景下、不同政府职能条件下，分权的影响效果是不同的。有的学者认为中央的转移支付会影响分权的效果，引发预算软约束、“粘蝇纸效应”或“掠夺财政公地”，因此分权竞争在某些情况下就无法对政府行为产生约束。

2.2 关于政府间财政关系研究

中央与地方政府之间的财政关系是决定中央与地方政府间税收管理权限划分的基础性因素，是对税收体制研究的现实基点，国内许多学者从政府间财政关系出发，以财政分权为前提，探讨了政府间税收管理权限的划分，进而研究了税收体制的改革。

王文华（1999）引入了偏好序列矩阵的博弈论方法分析中央与地方政

府之间的财政关系，设计了在财政包干制和分税制两种财政体制下中央和地方政府的不同偏好序列，认为与财政包干制不同，分税制下中央和地方政府财政关系博弈的均衡结果是中央集权而地方对抗。

郑永年、王旭（2001）指出，中央与地方关系上存在“中央集权但欠缺权力”“地方分权但缺乏民主”的问题，解决办法是建立有选择性的集权制度（selective centralization system），即“中央政府要在地方政府之外，建立一套属于自己的制度体系。中央政府建立自己的独立于地方政府之外的统治体系并不是要对地方进行全面的统治，而是要把那些事关国家利益的权力集中起来，而把另外一些权力完完全全下放给地方，中央只对这些权力的行使实行事后的法律监督。很明显，选择性集权的另一方面就是真正意义上的地方分权”。①

贾康、白景明（2002）对县乡财政困难的财政体制性诱因进行了分析，认为由于我国政府层级过多，大大降低了分税制收入划分的可行性。因此有必要考虑修宪以减少政府的层级，把乡一级政府变成县一级政府的派出机构，进而考虑把地市一级政府虚化。他们认为，如果能把政府压缩到实三级加两个半级，地市和乡作为派出机构层级，就非常接近市场经济国家的通常情况了，这种情况下的分税分级体制和省以下的体制难题，就有望得到一个相对好处理的方案。

贾康、白景明（2003）认为地方财政的种种问题，归根结底是一个现代化转轨过程中的财政制度安排问题，深化地方财政改革是一项复杂的制度创新系统工程。地方财政改革不能再寻求建立和发展过渡性制度模式，而应重点推进实质意义的分税分级财政建设。为此，应按照建立公共财政框架的方向，在适度简化政府层级的前提下按照“一级政府、一级事权、一级财权、一级税基、一级预算、一级产权、一级举债权”的原则构造完整的多级财政体制。

冯华艳（2002）运用委托—代理博弈模型分析中央和地方政府的博弈关系，在模型中引入了一个中央政府、两个地方政府和两个地方性国有企业，分析中央和地方政府之间在税收收入分成方面的博弈。通过分析认为中央和地方政府博弈的核心是利益，地方政府为了实现自身利益最大化目标而在行为上呈现异化特征，这就需要完善中央与地方权力关系的制度安排。

---

① 郑永年、王旭：《论中央地方关系中的集权和民主问题》，载《战略与管理》2001年第3期，第61~70页。

傅煜、李泽周（2003）比较了具有代表性的中、美、英、德、法、日等国家的具体权力划分制度和发展过程，发现各国的权力分享机制尽管存在着历史、经济、政治因素作用下的各自特色，但是随着管理理念和政府变革的演进，共同走向了权力的博弈机制建设，引导着中央与地方关系的新型制度的创建。

林荣日（2005）从分析中央与地方的利益关系和权力关系特征着手，构建了中央与地方的利益博弈模型和权力博弈模型，并在做出相关模型假定的基础上得出：对于地方分权制国家而言，中央与地方的最佳权力结构之比为中央∶地方＝0.7497∶1；对于中央集权制国家而言，中央与地方的最佳权力结构之比为中央∶地方＝1.3338∶1。

翁礼华（2010）详细分析了我国中央和地方在财政方面的博弈历程，从先秦三代的财政体制到当代分税制的确立与完善，对比了不同历史时期的财税集权和分权状况，指出轻税有利于长治久安，合理的管理层次是效益之源，并且建议在管理观念上冲破权大于法的文化束缚。

贾康、梁季（2011）通过对中央与地方财力分配关系进行体制逻辑与表象的辨析，指出目前中央政府收入高支出却相对少、地方政府收入低支出却负担重的情况。他们认为中央和地方之间的关系正进一步走向合理化，在未来的改革中应当建立财权与事权相匹配的公共财政体系，改革地方税收体系，以不动产税和资源税为主要收入构成，并适当赋予或扩大地方政府税种选择权、税率调整权和区域性小税种的设定权。

楼继伟（2013）在《中国政府间财政关系再思考》一书中，梳理了我国政府间财政关系改革的历程，以1978年至今为时间跨度，划分为被动适应、破旧立新、结构调整、自我完善等阶段，归纳出我国目前存在政府间事权和支出职责划分不明、收入划分不尽合理、转移支付有待完善等问题。在对政府间财政关系进行经济学分析以及借鉴其他国家实践经验的基础上，对未来改革描绘了蓝图，即合理界定政府与市场边界，强化中央政府事权和支出责任，适度调整政府间收入划分等。在税收收入划分上，应当从税种属性、事权和支出责任划分状况、地区间财力差异程度等方面出发，合理划分政府间收入。①

① 楼继伟：《中国政府间财政关系再思考》，中国财政经济出版社2013年版。

2.3 关于财税体制改革研究

江明融（2006）从公共品供给的视角阐述税权治理的理论依据，指出我国税权治理机制存在事权、财权和税权不统一，税权高度集中，地方税收立法权缺位等问题，并提出应借鉴西方国家税权治理的有益经验，进一步完善我国的税权治理机制。

孙园（2007）将现代新制度经济学理论引入税收管理实践，分析了正式制度的税收体制和税收征管制度的完善，非正式制度的税收信用制度的建设，试图通过建立在委托—代理理论基础上的税收管理激励机制的设计，构建正式制度与非正式制度共融与互促的税收管理制度。

田延（2009）运用新制度经济学的理论工具，通过对新中国成立以来的税收制度变迁分析，总结得出税收制度是国家权力、政治治理目标选择、中央和地方博弈的综合结果，税收制度的建立应有利于保障产权、社会公平和可持续发展。

汤贡亮、曹明星（2010）在分析我国当前经济与社会转型在现代化进程中的历史定位的基础上，提出了从经济总量的调整、制度结构的完善和法治层级的提升等三个方面进行税收体制全面改革的总体建议。

郑小玲（2011）从历史发展的视角分析财政管理体制，探索中央与地方政府间财政分配关系的演变特征与规律，通过斯塔克尔伯格博弈分析模型对中央与地方政府之间的国资收益分配关系进行博弈分析，指出目前我国财政管理体制存在税权高度集中、转移支付不规范、收入征管与分税制脱节等问题，并从完善转移支付制度、合理划分中央与地方税权、深化财政预算改革等方面提出了财政管理体制改革的建议。

王一然、张凤瑞等（2014）以辽宁省经济和税收数据为基础，客观分析了我国当前税制中存在着税制设计缺乏通盘考虑、地方税体系亟待完善、"费挤税"现象较为严重、地方政府不能分享税制改革的"红利"、国税收入对地方的贡献度逐步降低等问题，提出完善税制改革需要遵循的原则有：注重"顶层设计"，从整体上把握税制改革；适当提高直接税比重，使税制设计向更加注重公平转变；健全地方税体系，壮大和稳定地方财力。

高培勇（2014）通过分析党的十八届三中全会税制改革路线图，认为新一轮税制改革可以分为三个层次：第一，逐步提高直接税比重；第二，逐步降低间接税比重；第三，完善地方税体系。并就此提出全面深化财税体制改革基本方向的四个问题：（1）在政府收入线索上，税制结构要着眼于逐步提高直接税比重；（2）在政府支出线索上，支出规模要着眼于稳定税负，支出结构要着眼于向民生领域支出倾斜；（3）在预算管理线索上，要真正下决心把“全口径”预算管理落实到位；（4）在政府间财政关系线索上，要继续坚守“分税制”的方向并逐步向其逼近，而不是迫于现实条件的制约而部分回到“分钱制”。

吴俊培、张帆（2015）指出在整体的税制设计层面把握税制改革的基本方向，应该以稳定宏观税负为前提，树立明确的分税制改革方向，强调税收法定主义的基本原则，并将这些设计准则贯彻在具体的税制改革方案中，逐个突破改革过程中遇到的困难和挑战，从而落实财政在国家治理中的重要支柱作用，发挥税收在社会经济建设中的积极作用，为构建现代财政制度保驾护航。

曾超（2015）以有限政府为视角研究了分税制格局下的中央政府与地方各级政府的税收划分问题，认为分税制在我国提高财政总收入和中央政府财政收入方面都取得了较好的效果。这说明分税制存在的问题绝不是方向性问题，而属于技术性问题，是在制度的具体操作层面上存在问题，是可以通过立法等措施加以完善的。

张守文（2015）从法律视角审视税制变迁所涉及的核心问题，研究税收法治现代化问题，指出落实税收法定原则是对税改最基本的法治期待。2014 年开启的新一轮税制改革应继承既往经验，正视现实问题，坚守基本价值，以推进税收法治和国家整体治理体系的现代化。

2.4 关于税收立法权改革研究

税收立法权是税收管理权限的基础，目前许多学者从法学、经济学等多个角度，对税收立法权的税收法定、税收宪定、授权立法、适当授予地方部分税收立法权等方面进行了理论探讨。

张守文（1996）提出了税收立法的“三原则”，即税收法定主义包括课税要素法定原则、课税要素明确原则和程序法定原则，前两个原则侧重于实体方面，而后一个原则侧重于程序方面。课税要素通常认为应包括征税主体、征税客体、计税依据、税率、税收优惠等。由于课税要素直接关系到纳税人的纳税义务和利益，因此它必须由法律加以规定，从而形成税收法定主义中的课税要素法定原则。课税要素明确原则要求课税要素必须尽量明确，以避免出现歧义，避免行政机关自由裁量权的过量使用。程序法定要求政府征税程序均必须由法律予以明确规定，没有法律依据，税收行政机关无权开征、停征税收，也无权减免、退补税收。

白彦锋（2008）提出税收立法权可分成三个层次：第一层次是立法权，主要为创设、废除法律法规；第二层次是对税收法律法规的系统性落实和解释；第三层次是对税收法律法规在既定框架内的具体调整。我国税收立法权的划分现状为：全国人大及其常委会目前享有税收法律和几乎全部税种的立法权；国务院实际上是我国行使税收立法权的主要部门；国务院税务主管部门是行使税收辅立法权的重要部门；省级人大及其常委会名义上拥有地方性税种的主立法权；省级人民政府可以行使地方性税种少量的辅立法权。

白彦锋（2008）特别提出，我国单一制国家的国情不应成为我们推进税权划分改革的障碍，财政联邦制不同于政体联邦制。地方的税收立法权可以在现有基础上稳步扩大，区分中央税、共享税、全国统一实行的地方税和零星地方税，来推进我国税权纵向划分的改革。

宋富瑞（2012）认为，在我国，授予地方税收立法权是完善分税制财政管理体制和适应我国地区经济发展不平衡的需要，并且具有法律上的可行性。在授予地方税收立法权时要维护法制的统一，不得破坏全国统一市场的形成和发展。

尹守香、郝如玉（2014）通过对授权立法的动态不一致性进行分析，提出中国现行税法大多为人民代表大会授权、政府机关制定，这种授权立法有其存在的必要性和合理性，但在使用中却出现了过多过滥的问题。授权立法产生的动态不一致性导致政府出台的政策效果大打折扣。通过动态不一致模型的分析表明，政府通过颁布行政法规的方式来制定税收政策容易导致动态不一致性问题的出现，而人大制定的法律能够较好解决动态不一致问题，比政府的行政法规具有更好的承诺效果，税收立法权应当向人大集中。

易有禄、李婷（2014）指出税收法定原则是税收立法权回归问题的理论基础和逻辑起点，该原则的入宪是从根本上实现税收立法权回归的必经之路。在废止税收立法授权决定和实现税收法定原则入宪之前，坚持法律保留和严格限制税收立法授权是实现税收立法权回归的现实路径。废止税收立法授权决定后，应当按照税收法定原则的要求处理好法律保留与税收立法授权废止二者之间的关系。回归之后的税收立法权的行使应遵循公平原则和民主原则。

尹守香（2015）提出税收立法权入宪是税收法治的要求，也是我国依宪执政的重要组成部分。当前我国的根本大法——《中华人民共和国宪法》对于税收的具体内容没有予以明文规定，税收立法权没有受到宪法的约束。可以从全国人大税收立法权的法律保留规定、全国人大常务委员会税收立法权限的宪法规定和地方税收立法权的宪法规定三个角度来完善我国税收立法权的入宪，并进一步构建我国的税收立法违宪审查制度。

苗连营（2016）通过分析央地财政关系的失衡发现，仅仅让地方分享一定的税收收益，难以适应提升地方政府治理能力和水平的改革需求。赋予地方相应的税收立法权，使其拥有相对完整的税权，是破解地方财政困难、合理建构央地财政关系的现实考量，同时也具有法理上的正当性和逻辑上的自洽性。在授予地方税收立法权的同时，还需特别强调对其的监督与制约，这或许可以成为激活我国宪法实施监督制度的突破口。

2.5 关于税收征管改革研究

1994 年分税制财政体制改革将我国税收收入划分为中央税、地方税、中央与地方共享税三种形式，同时根据收入归属划分税收管理权限的原则，将税务机构分设为国税和地税，并相应规定了税收征管权。国内学者主要从税收征管成本、税收征管效率、税收征管模式等方面探讨了目前税收征管权限的划分问题。

李达昌、文英（1998）对税务机构分设的弊端进行了剖析，提出分税制体制下的税务机构设置，取决于多方面的因素，分税制并不意味着一定要分设机构。而我国自机构分设以来确实普遍存在成本增加、效率下降、力量分散等现象。因此他们认为，国税、地税机构分设弊大于利，可以考虑将国税、地税合二为一。

任寿根（2003）对我国现行税务组织机构运行绩效进行了考察，发现我国征税成本曲线呈抛物线状，表明中国征税成本正呈递减趋势。在此基础上他探讨了我国税务组织的优化问题，提出我国国税、地税机构不仅不存在合并的趋势，实行更为彻底的分设却是今后的发展趋势。

吴旭东（2004）提出税收管理形式决定税收管理机构的设置，认为应结合我国的实际情况，采取有分有合的方针，如税务登记、税收信息管理、税务稽查、税法宣传等都可以国地税合并；而税款征收、纳税服务、税收计量、税收成本核算等都应国地税分开。他建议先在国税、地税的稽查机构基础上建立单独稽查局，在适当的时候，把地税同财政局合并，形成财政局、国税局、稽查局三足鼎立的新格局。

郭庆旺、吕冰洋（2006）研究认为，一方面，1994 年分税制改革以来的税收制度改革，提高了各级政府的税收激励，大大提高了税收组织效率；另一方面，分税制改革以来分设国家税务局和地方税务局两大系统，导致税收成本增加，造成了税收效率损失。

吕冰洋、樊勇（2006）利用数据包络分析技术分析了分税制改革以后税收征管效率，进一步指出分税制改革造成中央与地方政府间关系的变化，地方政府支出压力增大，税收激励提高，从而促进了各省税收征管效率的提高，并认为税收征管效率的提高，一个重要原因在于分税制改革改变了中央和地方政府财政收入划分的合同性质，使得税收激励大幅提高。

刘穷志等（2009）采用非参数 Malmquist 指数法分离出全国 28 个省份 1985 ~ 2006 年的税收征管前沿技术进步和征管技术效率指数，通过面板数据计量分析方法考察了税权划分与征管前沿技术进步、技术效率的长期动态关系。分析发现，改革开放以来中央与地方税收分权的制度改革，对税收征管前沿技术进步和技术效率都存在着当期的正向促进作用和滞后一期的抑制作用，税权划分对税收征管效率激励作用不强，原因在于税权制度改革带来的成本激增。因此，在税收征管过程中应尽量控制征管成本，使税收分权制度创新显现其对税收征管效率的促进作用。

马海涛、姜爱华（2011）主要分析了我国存在多套征管机构并存、共享税种的征管交叉重叠的情况。至今我国有四套机构负责征税：（1）国家税务局负责征收中央税中的消费税、车辆购置税和共享税（包括增值税、部分企业所得税、个人所得税），另征收铁道、银行和保险总部集中缴纳的营业税、对股票交易征收的印花税、海洋石油企业缴纳的资源税。（2）海关负责征收中央税中的关税、船舶吨税及进口环节的增值税、消费税。（3）地方税务局负责征收大部分的地方税（包括营业税、资源税、印花税和城市维护建设税）和部分共享税（企业所得税、个人所得税）。（4）一些地方仍然由财政部门征收契税和耕地占用税。虽然对不同征税机关的征管范围已做了规定，但在多套征管机构并存、税种交叉征收的情况下，税收征管权也呈现出交叉重叠的情况。

陈娴、孙文基、林鹏生（2011）指出税务机构分设后存在的问题主要有：（1）国税与地税分设后，国、地税在税务登记、发票管理、纳税申报、税款征收、税务稽查等方面存在界定模糊、多头重复的情况，给实践操作造成较大的矛盾和问题。（2）国、地税分设后，建办公大楼、建纳税服务厅、培训干部等使办公经费开支相应增加，税务工作人员增加使人员工资支出增加，造成征税成本增加。（3）国、地税之间没有建立起有效的信息传递机制，影响征管效率。

2.6 关于地方税体系改革研究

地方税体系改革是财税体制改革的重要组成部分，税收体制改革尤其是中央和地方政府间的税收管理权限划分，是地方税体系改革的重要组成部分，国内许多学者在研究地方税体系改革的过程中，都涉及了税收管理权限的划分和税收体制的改革问题。

安体富、翟景明等（2002）指出现行的地方税收体系没有建立起稳定统一的税收立法权纵向划分规则，地方税权和事权不匹配，税制结构不尽合理，地方主体税种不明确。他们将地方税收体系的核心确定为地方税种构成，将地方税体系的内容确定为税种设置、收入规模、征管机构等，提出应当制定税收基本法，在中央和地方之间适度分权，推进费改税进程，同时建立规范的转移支付制度。

杨斌（2006）对理论界提出的我国地方税体系存在依据的观点进行了理论辨析，指出了福利改进说、国际借鉴说、一级事权一级财权一级税权说、地方无税权导致收费泛滥说等理论依据均存在不足之处，地方税体系存在的必要性是调动地方积极性。他提出应建立具有中国特色的非对称型分税制的构想，以加强宏观调控和体现财政公平为原则，划分中央税和地方税；中央应当集中税收立法权，地方可以在中央确定的范围内享有有限处置权及地方税的减免权；在税收收入的使用上，既要保证中央宏观控制权，又要调动地方积极性。

赵刚（2010）认为要完善地方税体系，就应当制定统一的税收基本法。在税收基本法的基础上，地方政府可以被赋予一定的税收立法权限，确定合理的地方税收入规模，完善地方税主体税种，加快研究开征物业税、遗产税和赠与税，使得各级地方政府能够凭借法定权力取得基本财力。

李升（2012）认为我国目前地方具有的税权是不完全税权，与其财力不相匹配，中央与地方的税制划分没有遵循效率原则，省及省以下地方政府均缺乏主体税种，从而对共享税依存度较高。完善地方税体系应当以深化分税制改革为前提，根据中央和地方之间的事权划分，对政府间财力进行合理配置，优化中央与地方税收分配关系，逐渐确立中央和地方的主体税种。

高亚军（2012）在对地方税进行理论界定，并阐述地方税形成机理的基础上，分历史时段对我国地方税制度变迁进行了梳理，指出现行地方税体系存在诸多问题，如制度设计缺乏总体规划，与中央税相比地方税制度完善进程明显落后，地方主体税种缺乏等。在改革建议上，提出要加快将财产税作为地方主体税种，并根据不同经济发展阶段进行调整，合理划分中央和地方政府间的税收立法权、收入归属权和征收管理权，并完善相关配套措施。

李堃（2015）指出地方税体系构建的理论缘由是中央与地方政府的分权，现实基础是税权划分与事权划分相匹配，提出应健全地方税法制建设、优化地方税种结构、完善税收征管与服务制度，并建立健全非税收入管理、完善转移支付制度等相关配套制度。

2.7 研究状况评论

西方学者关于税收体制的理论大都是基于西方国家各级政府的职责和事权划分、税权和税收收入划分比较明确和清晰的情况，把重点放在了财政分权理论的研究上。但从虽已实行了分税制财税体制却历史并不久远的我国的现实情况考察，应当赋予各级政府怎样的且与它们各自承担的事权相匹配的财力和税权，如何合理划分各级政府的税收立法权并清晰界定税收管理权限等基本问题尚未理清，更遑论税收制度的完善等制度层面的构建和再造，亦使我国多年倡导的事权与财力相匹配的财税体制迟迟不能建立起来。再者，我国与西方国家在政府事权划分、税权划分和税收制度等方面都存在差异，因此应结合我国实际构建适应我国国情的新型税收体制。

通过从政府间财政关系调整、财税体制改革、税收立法权改革、地方税体系建设、税收征管改革等方面对国内有关税收体制研究的文献进行梳理，综合国内研究大体包括两类：一是以实证考察为主，分析现行税收体制的运行现状和问题，据此提出改进税收体制的政策结论和对策建议；二是以规范分析为主，通过探讨市场经济体制下政府职能和事权划分、中央税系和地方税系的科学构建，设计规范的税收体制的模式和制度架构。但是已有的研究在理论创新方面存在着明显的不足，尚未建立完整的税收体制的理论体系，因此使我国税收体制的改革缺少了立论基点，体制设计和制度模式不够科学和规范，运行中出现了很多问题。

第 3 章

税收体制的基本理论概述

3.1 税收与税权划分原则

3.1.1 杰克·M. 明兹的“五原则”

加拿大学者杰克·M. 明兹从政治学和管理学的角度分析了税收划分方法，对于政府间税收划分提出了五项原则：第一，效率原则，税收划分应减少对资源配置的影响，尽量促进资源优化配置；第二，简化原则，通过税收划分实现税收制度的简化，便于执行，提高行政效率；第三，灵活原则，应有利于各级政府灵活运用支出、税收等税收政策手段，使财力与事权相适应；第四，责任原则，协调各级政府的支出与收入关系；第五，公平原则，应使不同地区间税种结构、税基、税率及税收负担大体平衡。

3.1.2 塞利格曼的“三原则”

美国财政学家塞利格曼从提高政府税收行政效率、促进收入公平的角度出发，对税收划分提出了三项原则：第一，效率原则，以征税效率的高低为标准来确定税种的归属；第二，适应原则，以税基宽窄作为分税的标准，税基宽的税种（如印花税）划为中央税，税基窄的税种（如房产税）则划为地方税；第三，恰当原则，以税收负担是否公平作为分税标准，为了使全国居民公平负担税收而设立的税种归中央，税源及纳税人只涉及部分地区和部分人的税种归地方。

3.1.3 马斯格雷夫的“七原则”

美国财政学家马斯格雷夫提出了财政的三大职能，即资源配置职能、收入分配职能和稳定与发展经济职能。在此基础上，从服务与财政职能实现的税种功能角度出发，提出了税收划分的七项原则：第一，以收入再分配为目标的累进税应划归中央，因为其具备调节收入分配的特殊功能，可以促进全国范围内的税收公平；第二，具有稳定经济功能的税种应划归中央，因为其可以调节全国经济，实现国家层面的宏观调控目标；第三，地区间分布不均的税源划归中央，可以防止地区间税收收入不平衡；第四，以流动性生产要素为课税对象的税收最好归中央，可以防止资源配置的扭曲；第五，依附于居住地的税收较适合划归地方；第六，以非流动性生产要素为课税对象的税收划归地方；第七，受益性税收及收费对各级政府都适用。

3.1.4 罗宾·鲍德威的“六原则”

世界银行专家罗宾·鲍德威等人从税种功能角度出发，提出了更为具体、有针对性的税种归属的六项原则：第一，所得税有利于促进全社会的公平，应划归中央；第二，资本税、财产转移税等税种，可以保证全国统一市场的形成和资源的优化配置，应划归中央；第三，对资源课税涉及公平与效率目标的权衡，应由中央与地方共享；第四，具有非流动性特征的税收是地方所辖政府收入的理想来源；第五，作为受益性税收的社会保险税，可由中央与地方协同征管；第六，多环节征收的增值税、消费税应划归中央，单一消费税、零售税适宜划归地方。

3.1.5 大卫·金的“四不原则”

英国学者大卫·金在对多级政府的财政层次性进行分析时，提出了地方政府征收税种的“四不原则”：第一，地方政府不应征收高额累进税。因为高额累进税具有收入再分配功能，应该由中央政府实现，如果由地方政府征收，会导致居民根据自己的偏好在不同地区间的频繁流动，扩大贫富差距。第二，地方政府不应征收税基流动性很大的税种。因为如果让地方政府征收这类税会造成资源在不同地区间的不合理流动，影响全国范围内资源的有效配置。第三，地方政府不应征收税负可转嫁给非本地居民的税种。因为这种转嫁最终使得本地政府收取税收收入，但由非本地居民承担税收负担，违反了公平原则。第四，地方政府不应征收本地居民对享受的利益和付出的成本之间没有切身感受的税种。因为如果地方政府征收的税收不能使居民感到与其享受的公共服务有直接关联，则会影响居民纳税的积极性和参与地方事务的主动性。

3.1.6 迪尤的"经济利益原则"

美国学者迪尤提出税收划分应考虑经济利益原则，以增进经济利益为标准划分中央税和地方税。税收划归哪一级政府，应以促进经济发展、不减少经济利益为着眼点。

3.1.7 达贝尔税收划分的一般原则

达贝尔总结了税收划分的一般原则，总结如表3-1所示。

表3-1　　达贝尔税收划分一般原则

税种	归属	理由
个人所得税	中央和省	收入再分配首先与中央政府相关，且资本和高收入者具有高流动性；省则对本地区居民征收
公司所得税	中央	由于转移定价和负债可用于跨州界的利润转移，因此公司税基具有高度流动性。省级征收会面临大量管理问题和极高成本，税率的差异也会对投资项目和地点产生不良影响
工薪税	中央和省	二者均可征收，特别是对利益相关项目，如社会保障计划等
财富、继承和遗产税	中央	中央政府承担主要的收入再分配职责，否则这些高度流动的税种可导致省际的过度税收竞争
财产税	各级政府	由于土地的不可流动性（但资本投资是流动的），财产税成为地方政府征收的主要税种

续表

税种	归属	理由
销售税和零售税	中央和省	零售税的管理成本较低，对零售商的投入产出征税，却往往对消费服务不征税，由此产生竞争问题。各地政府征收的不同零售税税率可导致跨边界的购买行为
增值税	中央	如果省政府采用不同税率，对以地区为基础的购进扣除的增值税的管理将变得非常困难
消费税	中央和省	对酒精饮料、烟草产品和动力燃料等商品征收的税款可用于街道、高速公路和医疗服务等定向支出
关税	中央	省政府不应该对进口商征税，以避免对贸易产生不良影响
自然资源收入（特许权使用费和采掘税）	中央	这部分收入在各地分配相当不均，出于公平原因，此项权力应交予中央政府，下级政府对自然资源征税而造成的财政不平衡将导致劳动力和资本的流动，引发资源的分配不当
使用费（包括环境税）	各级政府	这些财政手段对各级政府都适用

资料来源：沙安文：《财政联邦制与财政管理》，中信出版社 2005 年版。

3.1.8 国内关于税收与税权划分原则的研究现状

每个国家由于政治制度、经济制度、财政制度等不同，在划分中央和地方税收管理权限时也会有所不同。国外学者们从经济学、政治学、管理学等方面进行分析，基于税收中性、税收收入再分配、资源有效配置、经济发展等角度，得出了税收划分的一般原则，虽然各有侧重，但有一个共同点，即中央集权与地方分权相结合，中央应该拥有更多的税收管理权限。在研究我国税收管理权限划分问题时，既要遵循税收划分的一般原则，也要结合我国国情，寻找适合我国现实的划分模式。据此，国内许多学者从不同角度提出了适合我国国情的税权划分的原则。

有的学者从地方政府事权和税权划分的角度，将国外学者提出的税权划分原则归纳为以下四个方面：第一，匹配原则。根据中央政府和地方政府的事权划分，确定以支出数额为主要内容的支出责任，并按照支出与收入匹配的原则，对不同收入规模的税种在中央政府和地方政府之间进行划分。首先是划分收入规模较大的税种，确定出中央和地方的主体税种，然后是划分具有特定调控作用的税种，最后是根据成本和效率原则划分在征收管理方面有复杂因素的税种。第二，调控原则。这一原则有两个方面含义：一方面，要视中央集权程度而确定划分的标准，主要是从期望控制的收入总规模来划分；另一方面，税权的划分并不仅仅是财政收入的划分，不能简单地将税权的划分等同于以数字形式体现的收入的划分，这是因为税权本身内容丰富，税收固有职能中所具备的调控经济和调节收入功能也是中央和地方政府所关注的重点；同时，税权划分事宜本身也是中央开展宏观经济调控甚至是实现政治目的的重要工具。第三，公平原则。主要是具有再分配作用和税基分布不均匀的税种应当交由中央政府实施征管，最大限度提高横向公平程度，即具有相同经济状况的纳税人应当缴纳相同数额的税款，同时还要提高纵向公平程度，即经济状况更好的纳税人应当缴纳更多数额的税款。第四，效率原则。在按照上述三个原则进行衡量以后，还要综合考虑不同层级政府征收管理的效率，如果不存在其他影响中央和地方政府行政职能履行的因素，则要将中央政府能更有效征收的税种划归中央，地方政府能更有效征收的税种划归地方。

刘晓红（2008）提出税权划分需遵循的原则：第一，集权与分权相结合的原则，即坚持以中央集权为主，在中央税权的约束和限制下，赋予地方适当的税权。第二，事权与财权相匹配的原则，即确定各级政府税权时，要兼顾事权范围和上级政府的转移支付规模，使得各级政府的事权与财权相匹配。第三，效率原则，即税权划分时要实现税收经济效率和行政效率的最大化。第四，财政均衡的原则，即赋予地方政府适当的税收立法权，使地方政府因地制宜选择税制结构和要素，弥补财政的纵向和横向不平衡。

卢洪友、龚锋（2007）提出了政府间税权分配的规范原则：第一，配置效率原则。基于“受益原则”开征的税种适于由各级政府征收使用；税基具有较大流动性的税种应尽可能由上级政府实施征管；赋予地方政府的税种必须是清晰的，即对纳税人而言其承担的收入责任应该清楚明了。第二，制度效率原则。合理的政府间税权分配制度应确保各级政府实现较低的税制集中性指标；合理的政府间税权分配制度应能根据收入征管的规模经济优势来划分税种。第三，公平原则。具有累进性，能实现收入再分配目标的税应由中央政府征管使用；税基在辖区间分布极为不均匀的税种应尽可能由上级政府征管使用；对于受益对象不明确，或受益对象属于收入贡献能力不足的群体，为其享受的基本公共服务进行融资无法遵循“负担—受益”原则。

李齐云（2012）将财权划分原则大致分为四个方面，即政治原则、经济原则、受益原则和按税种自身属性或特点划分税收的原则。政治原则，主要是指税种和税收的划分要与一国的政治架构相适应。经济原则又可以称为效率原则，它包括两个方面的内容：一是经济效率原则，指税权和税种的划分对资源配置和经济运行的积极影响应该最大化，或者消极影响最小化；二是税收行政管理效率原则，即税收的征收应该坚持以最少的成本征收最多的税收收入。受益原则是指应该根据公共产品的受益范围来有效地划分各级政府职能，并以此为依据分配财权和税权。按税种自身属性或特点划分税收的原则，与马斯格雷夫提出的七项原则类似。

3.2 税权划分模式

3.2.1 税权分离角度

目前，学者们比较统一的看法是从税收立法权、税收征管权及税收收益权是否统一或分散角度研究税权划分的模式，将税权划分模式主要分为以下三种类型：

一是集中型。集中型是指税收立法权、税收政策制定和解释权、税收征管权及税款归属权作为一个整体，全部或者绝大部分归于中央政府，地方政府基本没有自主权。主要特点是：税收立法权全部集中于中央，各级地方基本上没有税种开征、停征、税率和税基及税目调整、减免税等权力，税收政策和税收调节权力由中央统一行使，税收制度集中统一，重要税种归中央，各级地方享有零星分散、税款少、征管难度大的小税种。各地的征税办法也基本相同，全国只设置一套税务征管机构并且归中央领导，各项税收基本上归中央政府，各级地方政府没有固定收入来源，所需资金依赖中央拨款。[①] 采取这一模式的国家主要是单一制国家，如法国。

---

① 杨德强：《省以下财政体制改革研究》，财政部财政科学研究所博士学位论文，2011 年，第 34 页。

二是分散型。分散型是指税收立法权、税收政策制定和解释权、税收征管权及税款归属权作为一个整体，全部或者绝大部分由中央和地方政府分享，地方政府在辖区内有较大的自主权。主要特点是：税权分两级或者多级行使，中央和各级地方分别对中央税和各级地方税进行立法，谁立法的税种，就由谁负责解释、修订，决定其开征、停征；税制设置两套或两套以上，中央（联邦）和各级地方可拥有自己的税制，各地税制可以相同，也可以不同；税收政策的制定与实施权分别属于中央和各级地方政府，用于调节各自辖区内的社会经济活动；分设中央与各级地方税务征管机构，两者之间不是领导与被领导的关系，税款分别进入各级金库，中央与各级地方预算自求平衡。① 采取这一模式的国家主要是联邦制国家，如美国。

三是适度集中、相对分散型。适度集中、相对分散型是指将税收立法权、税收政策制定和解释权、税收征管权及税款归属权进行了一定程度的拆分，只允许地方政府行使部分权限或者在一种权限中的部分范围内享有自主权。主要特点是：立法权集中，执行权分散，税收收入大部分归中央，少部分归各级地方；财力相对集中，财政资金使用权相对分散。② 采取这一模式的国家多属于实行财政联邦主义的单一制国家或者转型国家，如德国。

3.2.2　税权契约角度

吕冰洋（2003）以税权内容为基点研究了税权划分的模式，根据契约理论，将定额合同、分成合同、分税合同和代征合同归纳为中央和地方政府税收分权的可能组织形式，如表 3 – 2 所示。

表 3 – 2　　基于契约理论的税权划分模式

类型	含义	特点	典型案例
定额合同	中央政府要求地方政府每年上交固定的税收收入，其余的全部留存地方支配使用	地方政府在上交给中央政府税收定额后，可以完全拥有税收的“剩余索取权”，但是地方政府需要独自承担税收风险	1987 ~ 1994 年我国对山东省和黑龙江省实行的“定额上解”

① 杨德强：《省以下财政体制改革研究》，财政部财政科学研究所硕士学位论文，2011 年，第 35 页。

② 杨德强：《省以下财政体制改革研究》，财政部财政科学研究所硕士学位论文，2011 年，第 34 页。

续表

类型	含义	特点	典型案例
分成合同	中央政府将税收收入的一定比例留给地方政府，剩下的留给中央政府	地方政府拥有部分税收“剩余索取权”，也承担部分税收风险，可能给地方政府带来税收偷懒激励	共享税
分税合同	中央和地方政府各自完全拥有某些税种的征管权和收益权，中央既无需向地方返还税款，地方也无须向中央上解税款	中央和地方政府都拥有部分税种的完全征管权和收益权，因而避免了中央政府对地方政府的税收激励和监督。这种契约形式最大不足之处就是由于中央和地方政府分别需要设立税收征收机关，税收管理成本一般较高	分税制
代征合同	中央政府委托地方政府征税，征管权归地方政府所有，所征税款完全上解中央财政，税收收益权完全归中央政府所有	最大不足之处在于，地方政府的税收边际收入与税收边际努力完全无关，因而税收激励程度在这四种合同形式中最低	我国地方税务局曾代征的文化事业建设费、水利基金等

资料来源：吕冰洋：《政府间税收分权的配置选择和财政影响》，载《经济研究》2009 年第 6 期。

3.2.3 地方税权自主角度

卢洪友、龚锋（2007）根据财政联邦主义理论，依据地方政府拥有自由财权以及中央对地方政府自由财政收入的影响程度，将政府间税权分配模式划分为四种：地方独立财权、税基分享、税收分享和收入分享，如表 3－3 所示。

表 3－3　　基于地方税权自主程度的税权划分模式

类型	特征	地方财权自主程度
地方独立财权	地方政府：拥有税收立法权，能自主确定税基、选择税率、征管税收； 中央政府：不插手地方财权领域	最高
税基分享	地方政府：拥有地方自有税种的税率选择权和税收征管权； 中央政府：拥有税收立法权以及统一确定税基的权力	中

续表

类型	特征	地方财权自主程度
税收分享	地方政府：按固定比例与中央政府分享特定税种的收入，且分享的收入来源于本级政府辖区；凡由地方 100% 享有的税种划为地方固有收入，地方对其拥有征管权； 中央政府：拥有税收立法权，能统一确定税基、选择全国统一税率，对中央固有税种以及共享税拥有征管权	低
收入分享	地方政府：按固定比例与中央政府共享财政总收入的一部分； 中央政府：掌握全部财权，包括税收立法、确定税基、选择税率、征管税收	最低

资料来源：卢洪友、龚锋：《中国政府间税权分配的规范分析》，载《经济评论》2007 年第 3 期。

3.2.4 其他角度

还有的学者将政府间税收划分模式大致划分为 5 种类型：划分税制、划分税额、划分税种、划分税率及混合型，如表 3 –4 所示。

表 3 –4 税权划分模式

类型	特征
划分税制	分别设立中央和地方两个相互独立的税收制度和税收管理体系，二者均享有相应的税收立法权、税种的开停征权、税目增减及调整权，且有权管理和运用本级财政收入，但两级税收体系相互衔接，互为补充
划分税额	先税后分，即先统一征税，尔后再将税收收入按照一定比例划分给各级政府。我国曾经实行的“总额分成”财政体制，即属于这种方式
划分税种	在税收管理权限既定的情况下，针对各级政府行使职责的需要，结合考虑主体税种和辅助税种的特点及收入规模等因素，把不同税种划分给不同级次的政府，即按税种划分收入的范围，确定哪些税种归属各级地方，哪些税种归于中央，哪些税种由二者共享。但各级地方政府并不享有等同于中央的税收立法权
划分税率	一是上级政府和下级政府对某一税基分别按既定比率征税，所征税收款项自行支配；二是采用所谓“税收寄征”的方式，即由上级政府分别按本级和下级政府设定的税率对某一税基进行课税，然后将税款拨给下级政府
混合型	综合运用上述两种或两种以上做法而形成的一种各级政府间税收划分的方式。在当今世界上的许多政府中，通常是采取混合型的分税方式，有利于发挥多种分税形式的综合效应

资料来源：根据相关资料整理。

3.3 税权划分的影响因素

现实中，没有哪个国家严格按照税收与税权划分的规范模式来制定自己的税收体制，同一个国家因为政治体制、经济体制、社会、历史等原因在不同时期也会选择不同的税收和税权的分权模式，这些影响税收与税权划分的因素归纳起来有以下几种。

3.3.1 国家政权体制

一国的政权体制在很大程度上决定着该国政府的事权范围及其纵向分布，从而在很大程度上决定了该国中央与地方之间税收与税权的划分。单一制和联邦制是当今世界各国两种基本的政权体制形式。单一制的主要内容是：国家有统一的国家最高权力机关和行政体系；按行政区划设置的行政和自治单位接受中央政府的统一领导，地方政府的权力由中央政府授予，地方行政区域单位和自治单位没有脱离中央而独立的权力；遵循统一的宪法，国家的最后控制权在中央；在中央集权的同时，允许实行某种程度的地方自治或分级管理。联邦制的主要内容是：联邦与州的权力均由宪法加以规定并受宪法保护，双方独立行使各自的权力，不受对方侵犯；双方的权限变动须经修改宪法才可确定，双方对权限的争执由最高法院裁决；联邦代表国家，联邦宪法、根据宪法所制定的联邦法律和以联邦权力所缔结的条约“均为全国的最高法律”；各州无主权资格，即各州无权与他州和外国缔约、结盟和宣战，无权于平时保持军队，无权铸造、发行货币；“执行联邦法律是各州的职责”“各州机关必须服从联邦最高机关的指令”，但是“凡宪法未授予联邦或未禁止各州行使的权力”，均由各州或人民保留，由各州保留的权力主要是决定和处理本州范围内公共事务的权力。因此，单一制国家政府在税权划分上强调中央集权，如日本；联邦制国家政府在税权划分上地方分权的特征更明显一些，如美国、澳大利亚。

3.3.2 经济体制及其运行机制

经济体制的不同是影响中央和地方税权划分的基础性因素，税权的划分要与该地区的经济体制相适应。以我国为例，计划经济体制时期实行高度集权的“统收统支”的税权划分模式，在市场经济体制下实行分税制。即使同是市场经济体制国家，选择的经济运行机制不同，税权划分的模式也会有所不同。如，德国、法国等国实行的是政府主导型的市场经济，政府在经济发展中发挥的作用较大，税权往往更多地集中在中央，以使中央政府拥有足够的财力对经济进行强有力的宏观调控。而在美国等市场主导型国家中，税权在中央与地方之间的分布更为分散，以更多地发挥市场自发调节的作用。因此可以说，经济的市场化程度越高，税权划分越是向着分权化方向发展。

3.3.3 经济发展水平

国家课税的多少，一方面取决于国家财政对资金的需求程度，另一方面取决于该国经济发展水平对税收的承受能力。经济发展水平越高，国民经济整体的负税能力越强，政府的税收越是能够得到保障，则税权越有可能在中央和地方政府之间进行分割，分权型的税权划分体制也才有可能顺利实行。否则，经济发展水平低下，国民经济整体负税能力有限，政府的财力需要难以得到保障的情况下，税权往往倾向于集中在中央政府手里。如，美国之所以采取分权型的税权划分模式，与美国的高经济发展水平和较强的赋税能力有一定的内在联系。

3.3.4 法制水平和社会综合管理水平

一般而言，市场经济越发达，法制水平越高，其社会综合管理水平也越高，则国民的守法自觉性越强。在这种情况下，国家的税权才有可能向地方政府逐级下放，并可能得到较为满意的实施效果。因此，在进行税权划分时必须考虑到本国的法制水平、综合管理水平与民主制度建设的进程。

3.3.5 地方政府的影响

在研究向地方政府下放税收管理权限时，还需要考虑以下几点因素：

1. 地方政府的职能和事权

地方政府的职责是确定地方税收管理权限的前提。按照中央和地方政府职责的划分，为实现地方政府职责需要相应的财力作保障，政府职责是设置相应税收的依据之一，并确定其管理权限和收入。地方政府的职责决定着地方政府的事权大小，地方政府事权大小又决定着其所掌握的地方财力的权限状况。所以，中央和地方政府税收管理权限的划分和设立，要以确定中央和地方政府的职责和事权为基础。

2. 地方政府提供的公共产品和公共服务

政府提供公共产品和公共服务根据级次不同及区域范围的大小，分为中央政府提供和地方政府提供。地方政府提供公共产品和公共服务实际上是指省级及省级以下各级政府提供地方性的公共产品和公共服务，这就需要相应的地方收入（主要是指税收）来保障，而地方收入的实现则要求确定相应的税收管理权限。因此，公共产品和公共服务提供的层次性和区域性决定了省级以下各级地方政府税收管理权限的大小。

3. 地区间税源的差异

地方政府税收管理权限的设立，还必须考虑地方地区间的税源的各种差异。地方税源是前提，有什么样的税源，则应建立什么样的地方税收的具体税种。因此，地方税收要根据地方税源情况设置具体的税种。为了保证地方政府因地制宜发展经济，给予其适度的税收管理权限就显得非常必要了。

4. 国家宏观调控的目标与策略

确定并赋予地方政府的税收管理权限，必须服从于国家的宏观调控和总体规划。一段时期以来，为了尽快发展地方经济，各地方政府之间展开了各种税收竞争，制定和实行了一系列吸引外来人才、技术、投资（包括内、外资）、管理等的政策措施，加强基础设施的建设和改造，改善投资环境，给予外来投资各种财税政策上的优惠，出台了各种税收优惠和照顾措施。这些优惠政策和措施，虽然起到了一时刺激地方经济增长的作用，但从长远和全局来看，却在某种程度上损害了税法的统一完整性和严肃性，造成许多地方政府为了本地区的利益，设置税收壁垒，阻碍人才、技术、投资（包括内、外资）等资源和要素的正常流动，分割了市场，破坏了市场的自由竞争环境。所以，今后在确定地方政府的税收管理权限时，必须服从于国家的宏观调控政策和目标。

3.4　税收分权的运行机理

税权是一个多维度、复杂的概念，税收分权的本质是一种资源配置，国家将税权下放给地方，就是将一部分公共资源和资金配置给地方自主管理。由上文分析可知，政治、经济、社会等因素会影响政府对税收分权模式的选择，税收分权模式反过来也会对政治、经济、社会等产生影响。

3.4.1　税收分权的政治影响

税收分权赋予地方政府更大的税收自主权，政府的征税、用税行为也有了更大的自主性，会影响政治体系的稳定性。税收权力的基本功能是支持政治体系的运行和政府职能的行使，如果这个支持力度不足，就会导致政治权力和政府职能的弱化，使得政治权力的控制能力及国家治理能力下降；如果支持力度过大（体现为税收规模过大），则会造成公共资源的过度占用、税金使用上的浪费，甚至政治权力的滥用，也会导致人们对政治体系的非议和批评。①

税收分权会通过税收立法权和税收征管权的合法性、税收收益权的公平性影响政治稳定；通过征税规模来影响政治法律设施的资金支持状况，从而影响政治稳定。过度的税收分权会加剧地区间经济的差距，积累到一定程度就会影响国家的统一和社会稳定；而过度的集权又会影响地方政府努力发展经济、从事公共管理和社会治理的积极性、主动性和创造性，并且对中央政府的执政能力也是一种严峻考验。

3.4.2　税收分权的经济影响

税收分权，是对不同层级政府发展经济和各项社会事业的激励。地方

① 谭承友：《税收权力论纲》，西南财经大学硕士学位论文，2011 年。

政府为了能够获得更多的税收权力来满足地方公共需求和公共治理的需要，必定会与其他地方展开制度竞争，追求利益的最大化，这些竞争又必然反过来倒逼地方政府不断优化各项制度来改善本地环境、促进本地经济发展，进而增加税收收入，增强政府的治理和调控能力。税收来源于经济发展，经济发展也会给地方带来更多税收。因此，税收分权会激励地方政府努力发展经济。

必须指出，由于地方政府受到不断追求其利益最大化的动机驱使，为促进地方经济发展而赋予地方政府的地方自主税权有可能衍生地方保护主义，从而可能导致市场分割，甚至政府行为发生偏离与扭曲。更多的政府主体拥有自主税权，如果没有合理的制度规范和严格的监督措施，会引发更多经济腐败和行为不端。各地独立征税还可能导致税收收入过于分散，无法利用征税中的规模经济，造成税务资源的重复投入，降低了制度效率。地方政府为了满足自身税源发展的需要，还会出现恶性竞争、重复建设，导致资源配置不当、经济结构扭曲和经济失衡，对经济发展产生消极影响。

3.4.3 税收分权的社会影响

赋予地方政府一定的税权，一方面，可以使得地方政府充分发挥其更接近经济税源、接近地方公共资源的信息优势，其制定的税收制度和税收管理办法会更适应本地区经济和社会发展的需要，这样的制度更容易被执行和落实；另一方面，地方政府更接近纳税人和本地居民，更了解公众的愿望和诉求，能够根据公众的需求调整税收制度，从而促进提高行政效率和公共资源的配置效率，促进社会稳定和谐。

3.5 中央税系和地方税系分设

3.5.1 中央税系和地方税系分设的必然性

谈及税收体制和税收制度必然涉及中央和地方税系的分设和构建问题，这也涉及一个国家税制结构的制度性安排。税制结构是一个国家根据其客观条件和财政需要，合理设置若干相互协调、相互补充的税系、税种所组成的税制的总体性结构。在分税制体制下，分别构建中央与地方税体系，由此形成完整的税制结构已是客观必然。从某种意义上说，税收体制、税收分权的理论研究和实践运用，都要体现并且落实在某种形式的中央和地方税系上。因此，相对独立和健全的中央和地方税系形成，也就成为税收体制形成和税收分权实行的载体。据此，改革和完善税收体制，必然要求中央与地方税系的改革和完善相互同步、协调。

3.5.2 中央和地方税系分设的原则

中央税是指收入全部或部分归属中央政府，立法权、执法权与司法权均属于中央的一系列税种。而地方税的定义存在争议，其争议主要集中在税收立法权的归属上。在对地方税内涵的理解上，税收立法权的归属是争议的焦点。一种观点认为必须将立法权作为必要条件之一，如金人庆（2003）认为税收立法权是税收管理权限的核心内容，如果作为分税制一方主体的政府没有独立立法权限，分税制就失去了真实的内容，就变成了一种变相的收入分成办法和税收分级管理办法。另一种观点认为不应当将是否具备税收立法权作为必要条件来划分中央税和地方税，其中邓子基（2004）的观点比较有说服力，他认为如果严格地限定地方税必须是地方政府拥有税收立法权的税种，那么世界上存在这种意义地方税的国家会很少，大部分国家都是执行不十分彻底的分税制，地方政府或多或少地都要受到中央政府的限制，这种情况与一个国家现行政权体制和历史状况紧密相关。本项研究采用邓子基的观点，对地方税的理解是："根据中央与地方政府事权划分状况，按照财政管理体制的规定，由中央或地方政府立法，地方政府（通过税务部门）负责征收管理，收入由地方政府支配的各类税收的总称。"除中央税和地方税之外，还有共享税，其收入由中央和地方共享，共享税主要是由中央进行管理，地方只是分享收入。

中央和地方税系的关系是在中央政府主导下的综合协调关系。从一个国家整体来看，中央政府对大政方针的决定权永远都是第一位的，这是不容争议的。在地方税与中央税的关系上，也应当是由中央政府确定二者之间的利益分配关系，二者共同组成了完整的国家税收体系。当然，在确定的事权和税权划分原则上，在不同的发展阶段，中央和地方政府会有所博弈甚至是产生较大的争议，而地方税体系的建设往往取决于中央和地方的分权及其程度，因为这直接决定着地方税的收入规模、征收成本和调节分配作用的发挥程度。

结合各国分税制的实践及我国的国情，我们认为，构造规范的中央与地方税系应符合以下主要原则：

第一，在明确中央与地方政府事权的基础上根据各自的权责确定相应的财权和财力，再划分相应的税种予以保证与制约。一般来讲，中央政府具有宏观方面的政治、经济、社会职能。它要负责调控社会总供给与总需求的平衡，承担全国性基础设施建设，担负国防、外交、文教、卫生、社会福利等方面的开支。中央政府的职能决定了划分中央税的税种必须是税基广、调节功能强的税种。地方政府具有中观政治、经济和社会职能，它主要负责资源配置，发展本地区的经济、文教卫生事业以及城市基础设施的建设，担负地方政府的行政开支、地方的福利经济开支等，地方政府的职能决定了划归地方税的税种应是区域性税源及区域性调节功能较强的税种。同时，责任必须与受益相匹配，它要求按照公共产品和公共服务的区域性和受益范围来确定税源及相应的税种在各级税系中的归属。一般情况下，将受益于中央政府提供公共产品和公共服务的税源及相应税种划归中央，而将受益于地方政府提供公共产品和公共服务的税源及相应税种划归地方。

第二，税系和税种划分要保证经济与行政效率。一方面，它要求税种的划分以促进经济发展、增进经济效率为标准，淡化乃至消除行政隶属关系对税种划分的影响。因为税种划分实际上是中央与地方的利益划分，它直接制约着政府与纳税人之间的关系。如果以行政方式进行分税，则会强化政府与纳税人之间的行政关系，阻碍政企分离、资源流动及统一市场等市场经济基本条件的形成；如果以经济依据进行分税，则在分配中体现了各级政府之间以及政府与企业之间的经济利益关系，符合市场经济有效运作的一般要求，也有利于形成规范而稳定的政府分配机制，促进经济效率的提高。另一方面，税种的划分应体现收入成本最小的要求，凡有利于管理资源共享、形成集约效率、实现规模经济的税种，应由中央管理，更能增加社会经济效益；凡税源零散、管理难度大的税种，地方具有信息和管理方面的相对优势，就适合地方征管。总之，税种的配置应有利于税制简化、征管方便、提高税务行政管理工作效率。

第三，税种的划分应体现公平的要求。从中央税与地方税的比重来看，由于中央政府的支出规模大，因而中央税在税收总收入中应占大头。

而且，政治体制与经济体制的性质还将进一步影响中央政府的收支规模。一般来讲，单一制国家的中央收入的比重高于联邦制国家；实行以公有制为主的经济制度的国家，中央税收入的比重高于实行以私有制为主的经济制度的国家。同时，税种的划分也应保证地方政府必要的收入需要。再从地方税系之间的关系来看，应根据各地区的经济发展状况，合理地配置税种，使各地区之间在权、责、利方面保持适度平衡。

第四，税种划分需要合理分配税收收入。这就要求在中央与地方税系的构建中，应当配置某些能够支撑中央和地方财政局面的主体税种及其相应的辅助税种。主体税种的选择应当以税种的性质、功能及其与各级政府事权侧重点的内在联系为依据，使各级税系的主体税种既成为各级政府组织收入的支柱，又成为其调控经济运行的重要杠杆。同时，还应根据各级政府的事权范围及职责，配置相应的辅助税种，以保证各级政府能够顺利履行其职能。

3.5.3　中央税和地方税的划分标准

根据各税种的性质、特点和功能，体现匹配、效率、公平的配置原则，借鉴国际上的通行做法和经验，中央税与地方税的划分标准可归纳如下。

第一，按税基的特性划分。凡税基广泛，税基流动性强，税源分布不均衡的税种应划为中央税。因为，税基广泛的税种划归中央，能保证中央政府在税收收入中占较大比重，保证其支出需要；税基流动性强、辐射面广的税种应划归中央税或共享税，便于在全国范围内控管；税源分布不均衡、畸轻畸重的税种，应由中央掌握，便于中央对财力分配的横向平衡。凡税基较窄、税基固定性强、税源分布均衡的税种应划为地方税，以易于地方征管和提高征收效率，也有利于税收分配的公平。

第二，按税种的调节作用划分。凡调控宏观经济功能强、调节社会分配效应好、协调国际税收关系作用大的税种应归属中央；凡调控宏观经济功能不强、带有中性特征的中小税种应归属地方。

第三，按征税效率划分。凡中央征收效率较高的税种应划分为中央税；反之，应划为地方税。

第 4 章

我国税收体制的历史演变

新中国成立以来，我国税收体制为了适应各个历史时期政治经济形势和财政管理体制发展变化的要求，根据“统一领导，分级管理”的原则，由新中国成立初期的高度集中的税收体制，逐步向地方适当下放一部分权力，实行以集中为主，适当分权的分级管理的税收体制。

4.1 第一阶段（1950～1957 年）：税权高度集中

新中国成立初期，全国上下百废待兴，财政管理体制适应和服从于高度集中的计划经济体制，采用统收统支的方法。同这种财政管理体制相适应的税收管理权限，也呈现出高度集中的特点。在这一时期，税收立法权高度集中于中央，即税种的开征与停征、税目和税率的增减调整全部集中于中央；减税、免税批准权限也基本集中在中央，只对一部分地方性税收的减收、免税事宜，授权地方在全国统一税法的范围内具体确定。税收收益权的配置是中央和地方各自拥有自己完全独立的税种，其中 5 个税种（农业税、关税、盐税、货物税、工商业税）为中央税，其余 10 个税种（屠宰税、房产税、地产税、遗产税、薪给报酬所得税、存款利息所得税、印花税、车船使用牌照税、特种消费行为税、契税）为地方税（后略有变动）（见表 4－1）。税收征管执法权则由各地财政局下设的税务部门统一行使。这种税收体制，适应了当时的客观条件，对于争取国家财政经济状况的好转、恢复国民经济和配合社会主义改造都起到了积极作用。

表 4－1　　1953～1957 年中央与地方税种划分（共 15 个税种）

中央税（5 种）	地方税（10 种）
农业税、关税、盐税、货物税、工商业税	屠宰税、房产税、地产税、遗产税、薪给报酬所得税、存款利息所得税、印花税、车船使用牌照税、特种消费行为税、契税

注：1957 年之后略有调整。

4.2　第二阶段（1958～1977 年）：税收放权—集权循环的调整

随着社会主义改造的基本完成，高度集中的税收体制已难以适应新的经济形势，不利于调动地方与企业的积极性。因此，1958 年经济管理体制进行了重大改革。随着生产、物资、财政的管理权限相继下放，国务院颁发了《国务院关于改进税收管理体制的规定》，进行了以下放税收管理权为目标的改革。该规定的核心在于把部分地方税收立法权下放给各省、自治区、直辖市，包括地方税种的减免和加税权，划为地方固定收入税种的税目、税率调整权等。其原则是，可由地方管理的税收，其税收政策调整权归地方管理。对于一定范围内中央管理的税收，也赋予了地方一定的机动调整权，如允许对一些主要税种实行减免或扩大中央和地方分成范围，增加地方税收。在税收收益权的配置方面，参与中央与地方分成收入的税种扩大至工商业营业税、企业所得税和农业税，分成方法也做了调整，从原来的按税种分成，改为按地区分成。

但是，由于这次调整着重关注的是扩大地方的税收权限和收益，而相应的约束机制没有确立，导致权力下放失控，区域税负失去公平，1961 年又对税收体制做了部分调整，重新集中了税收立法权，如工商统一税税目、税率和盐税的税额的调整应报中央批准，开征地区性税收，地方税税目、税率的变动，所得税税率范围内具体税率的确定等，须报中央局批准等。

1970 年，为执行毛泽东主席“在中央的统一计划下，让地方办更多的事”的指示，国务院又将部分工商税收的管理权下放，在此基础上，1973 年又将个别产品和纳税单位的减免权交由地方，企业适用税率核定权交由地方，地方税收立法权进一步扩大。在税收收益权方面，中央直接掌握的税收只有关税，其余一律属于地方。在税收征管权方面，国家明确政府部门（税务机构）里税收人员的编制，充实了税务队伍。

1973年税收体制的调整正处在“文化大革命”时期，税收管理权限的又一次下放，造成了税收权限的紊乱。有些地区从本地和本单位利益出发，滥用管理权限，任意停征税种、增减税目和减免税收，破坏了统一的税收政策和法令的执行，影响了国家对于集中性资金的掌握，同时造成了地区之间、行业之间税收负担不平衡的矛盾。为解决这一问题，同时作为“文革”后为“拨乱反正”而采取新的税收举措，1977年11月，国家对税收体制进行了调整，对税收管理权限做了进一步明确划分，重新集中了税收立法权。其主要内容是：国务院统一规定税收政策的改变、税法的颁布和实施、税种的开征和停征、税目的增减和税率的调整等，这些税收管理权限均属于中央。同时，给予地方个别税种开征权和部分税种的政策调整权。除了体制规定的权限外，任何地方、部门和单位都无权自行决定减免税。

从这一阶段的上述变化可以看出，在计划经济时期，税收体制的调整和改革主要集中于税收立法权，尤其是税收政策调整权在中央与地方之间的划分上。总体来说，税收立法权大多数时期集中于中央，全国性税种基本由中央立法，中央统管，只有在个别时期将较小税种的税收政策调整权下放至地方；至于税收收益权，从新中国成立起，名义上设置了中央税和地方税，而真正意义上的中央税，只有关税等个别税种，真正成为地方税的，也只有部分地区开征的土特产税和其他个别税种。在全国范围内开征的税种，所取得收入不是全由中央统收统支，就是由中央与地方按不同的财政管理体制实行分成。税收执法权也由隶属于财政部门下的税务部门统一执行。税收体制所表现出的特点正是计划经济在税收上的体现。

4.3 第三阶段（1978～1982年）：税权高度集中

改革开放以后，国家政治、经济和财税工作发生了历史性的重大变化，进入了从计划经济体制向有计划的商品经济体制转型时期，为了与“放权让利”的经济体制改革和“分级包干”的财政体制改革相适应，税收体制也随着经济体制和财政体制改革不断地做出调整。

1978～1982年间，税收体制延续1977年的体制，集权的要求愈加严格。主要是强化和明确1977年中央和地方的税收立法管理权限的划分，严格禁止地方越权减免，同时在税收征管权方面，加强税务机构和人员队伍建设，加强征管执法。此期间中央的税种有关税、船舶吨税2种，地方的税种有盐税、工商所得税、城市房地产税、车船使用牌照税、屠宰税、契税、牲畜交易税、集市交易税、农业税、牧业税等10种，最大的税种工商税确定为中央与地方共享税（见表4－2）。

表4－2　1980年中央与地方税种及税收收入划分（共13个税种）

中央税（2种）	地方税（10种）	中央与地方共享税（1种）				
		税种	中央固定收入	中央与地方调剂收入	调剂方法	收大于支部分
关税、船舶吨税	盐税、工商所得税、城市房地产税、车船使用牌照税、屠宰税、契税、牲畜交易税、集市交易税、农业税、牧业税	工商税	海关代征和铁道部缴纳的部分	中央固定收入除外部分	比例留成或全额留成，5年不变	比例分成

注：工商税于1972年开征，原工商统一税合并到工商税中；盐税名义上合并在工商税中，实际上是相对独立的税种。

4.4　第四阶段（1983～1993年）：税收分权法制化、规范化

1983～1993年，随着第一步、第二步“利改税”的顺利推进，国家与企业关系得到初步理顺。以此为基础，税收体制做了一系列重大调整：首先，规范了税收立法，明确规定税收法律的颁布和实施权属于全国人民代表大会及其常委会，全国人民代表大会及其常委会可以在法律规定的范围内授权国务院颁布有关税收法规，从而明确了税收立法权在同级部门之间，人大立法与行政立法之间的划分；其次，在税收收益权方面，明确将税收划分为中央固定收入、地方固定收入和中央与地方共享收入三部分。与税收收益权划分相对应，划分了3种中央税，13种地方税和13种中央与地方共享税（见表4－3）。以后至1994年实行分税制之前，税收体制，除了税收收益权随着财政包干制的变化而有些调整外，税收立法权和征收管理权基本没有什么变化。

表 4-3 1983~1993 年中央与地方税种划分（共 29 个税种）

中央税（3 种）	地方税（13 种）	中央与地方共享税（13 种）
关税、船舶吨税、烧油特别税	集市交易税、牲畜交易税、集体企业所得税、城市房地产税、城市维护建设税、车船使用牌照税、契税、屠宰税、农业税、牧业税、土地使用税、房产税、车船使用税	产品税、增值税、营业税、工商统一税、外国企业所得税、中外合资经营企业所得税、国营企业所得税、国营企业利润调节税、个人所得税、国营企业奖金税、资源税、盐税、建筑税

注：集市交易税于 1981 年恢复征收，牲畜交易税于 1983 年恢复征收，房产税、车船使用税于 1986 年开征，城镇土地使用税于 1988 年开征；船舶吨税于 1986 年改为预算外收入，划归交通部管理。

从改革开放至 1993 年，这一时期的税收体制是对 1977 年税收体制调整的完善，基本适应了当时的经济形势，对改革开放的顺利推进和国民经济的持续稳定发展，发挥了重要的作用，对克服财政困难也产生了积极影响。

4.5 第五阶段（1994 年以后）：分税制

1994 年我国在借鉴市场经济国家成功经验的基础上，结合我国实际，开始实行分税制财政管理体制，初步建立了符合社会主义市场经济体制要求的税制框架和税收体系。本次改革主要有三个方面的特点：一是税权集中管理。改革不仅将中央税、地方税和共享税的立法权高度集中于中央，而且还上收了原来分散在各地的减免税管理权限，除极少数地方税种外，绝大多数税种的减免税权均集中到中央管理。中央税、共享税和地方税的立法权都集中于中央，保证了中央政令统一，有利于维护全国统一市场和企业平等竞争。二是税收收入分享。此次分税制财政管理体制改革，根据事权与财权相结合的原则，按照提高中央税收比重同时又兼顾地方积极性的需要，将税种统一划分为中央税、地方税和中央与地方共享税（见表 4-4），初步确定了以中央税收为主、地方税收为辅、中央向地方实施税收返还的纵向政府间税收分配体制。三是税务机构分设。为了适应中央和地方税收收入划分的要求，分设了中央税务机构和地方税务机构（即国税和地税），中央税由国税负责征管（除由海关代征的进口环节增值税、消费税外），地方税由地税负责征管，共享税主要由国税征管，一部分由国税与地税分别针对不同的纳税人征收。

表 4－4　　1994 年中央与地方税种划分（共 23 个税种）

中央税（2 种）	地方税（14 种）	中央与地方共享税（7 种）
关税、消费税	个人所得税、城镇土地使用税、房产税、城市房地产税、耕地占用税、固定资产投资方向调节税、土地增值税、车船使用税、车船使用牌照税、契税、屠宰税、筵席税、农业税、牧业税	增值税、营业税、企业所得税、外商投资企业和外国企业所得税、资源税、城市维护建设税、印花税

本次分税制管理体制改革在促进经济持续、稳定、快速发展，增加税收收入，增强国家的宏观调控能力等方面，发挥了重要的作用，为规范中央与地方税收收入关系，增强中央政府的宏观调控能力等奠定了制度基础。

第 5 章

我国现行税收体制的现状分析

5.1 政府间税收分权的跨年度分析

本书选取了分税制改革以后，1994～2014 年间中央和地方政府税收收入分权的数据，对中央和地方政府间的税收分权程度进行跨年分析和考察。1994 年分税制改革之后，中央税收收入比重达到了 55.24%，在 2004 年达到了最大比重 58.62%，1994～2014 年间中央税收收入比重虽然有涨有跌，但都保持在 50% 以上，分税制改革以后中央集中了大部分的税收收入。从税收收入分配的演变情况看，由于地方税收收入在近年来的年均增长速度基本都高于中央税收收入的增长，使得中央税收收入所占比重有所降低，目前保持在 50% 左右。具体如表 5－1 所示。

表 5－1　1994～2014 年中央和地方政府间税收收入分配与比重演变表

年份	税收收入（亿元）	分配绝对数		分配比重	
		中央（亿元）	地方（亿元）	中央（%）	地方（%）
1994	5126.88	2831.97	2294.91	55.24	44.76
1995	6038.04	3205.27	2832.77	53.08	46.92
1996	6909.82	3460.83	3448.99	50.09	49.91
1997	8234.04	4232.00	4002.04	51.40	48.60
1998	9262.80	4824.35	4438.45	52.08	47.92
1999	10682.58	5529.90	5152.68	51.77	48.23

续表

年份	税收收入（亿元）	分配绝对数		分配比重	
		中央（亿元）	地方（亿元）	中央（%）	地方（%）
2000	12581.51	6502.36	6079.15	51.68	48.32
2001	15301.38	7735.81	7565.57	50.56	49.44
2002	17636.45	10230.29	7406.16	58.01	41.99
2003	20017.31	11604.04	8413.27	57.97	42.03
2004	24165.68	14166.09	9999.59	58.62	41.38
2005	28778.54	16051.81	12726.73	55.78	44.22
2006	34804.35	19576.14	15228.21	56.25	43.75
2007	45621.97	26369.85	19252.12	57.80	42.20
2008	54223.79	30968.68	23255.11	57.11	42.89
2009	59521.59	33364.15	26157.43	56.05	43.95
2010	73210.79	40509.30	32701.49	55.33	44.67
2011	89738.39	48631.65	41106.74	54.19	45.81
2012	100614.28	53295.2	47319.08	52.97	47.03
2013	110530.70	56639.82	53890.88	51.24	48.76
2014	119175.31	60035.40	59139.91	50.38	49.62

资料来源：历年《中国统计年鉴》和中国统计局网站。

5.2　政府间税收分权的分级考察

表5-2中详细列示了现行中央与地方有关收入和划分比例情况。如表5-2所示，目前完全划归中央所有的税收是国内消费税、进口货物增值税和消费税、船舶吨税、车辆购置税与关税；完全划归地方所有的税收是营业税、城镇土地使用税、土地增值税、车船税、关税、耕地占用税、契税、烟叶税。此外，中央财政还要负责出口货物增值税和消费税的退税。未退税前中央独立税收收入占全部中央本级税收收入的比重是48.48%，占中央本级财政收入的比重是45.13%；退税后中央独立税收收入占全部中央本级税收收入的比重是29.57%，占中央本级财政收入比重是27.52%。地方独立税收收入占地方本级税收收入的比重是24.52%，

占地方本级财政收入的比重是 19.11%。税收收入中的其余税种收入都可以看作是共享收入，分别占中央本级财政收入和地方本级财政收入的比重为 65.57% 和 58.83%。可见，中央和地方财政收入的大部分来源于共享收入，地方缺乏独立的税收收入，甚至严重依赖于行政事业性收费等非税收入的支撑。

表 5－2　　2014 年中央和地方主要财政收入项目及划分比例情况

项目	国家财政收入（亿元）	中央		地方	
		财政收入（亿元）	所占比重（%）	财政收入（亿元）	所占比重（%）
财政收入	140370.03	64493.45	46	75876.58	54
（一）税收收入	119175.31	60035.40	50	59139.91	50
国内增值税	30855.36	21103.03	68	9752.33	32
国内消费税	8907.12	8907.12	100	0	0
进口货物增值税、消费税	14425.30	14425.30	100	0	0
出口货物退增值税、消费税	－11356.46	－11356.46	100	0	0
营业税	17781.73	68.94	0	17712.79	100
企业所得税	24642.19	15813.55	64	8828.64	36
个人所得税	7376.61	4426.03	60	2950.58	40
资源税	1083.82	44.44	4	1039.38	96
城市维护建设税	3644.64	182.82	5	3461.82	95
房产税	1851.64	0	0	1851.64	100
印花税	1540.00	646.88	42	893.12	58
证券交易印花税	666.92	646.88	97	20.04	3
城镇土地使用税	1992.62	0	0	1992.62	100
土地增值税	3914.68	0	0	3914.68	100
车船税	541.06	0	0	541.06	100
船舶吨税	45.23	45.23	100	0	0
车辆购置税	2885.11	2885.11	100	0	0
关税	2843.41	2843.41	100	0	0
耕地占用税	2059.05	0	0	2059.05	100

续表

项目	国家财政收入（亿元）	中央		地方	
		财政收入（亿元）	所占比重（%）	财政收入（亿元）	所占比重（%）
契税	4000.70	0	0	4000.70	100
烟叶税	141.05	0	0	141.05	100
其他税收收入	0.45	0	0	0.45	100
（二）非税收入	21194.72	4458.05	21	16736.67	79
专项收入	3711.35	406.59	11	3304.76	89
行政事业性收费	5206.00	365.63	7	4840.37	93
罚没收入	1721.82	88.93	5	1632.89	95
其他收入	3012.45	1387.79	46	1624.66	54

资料来源：《中国统计年鉴（2014）》和中国统计局网站。

5.3　中央税系与地方税系划分的现状分析

目前，我国中央与地方税收划分的情况与 1994 年相比发生了较大变化，具体情况是：中央税包括消费税、关税、车辆购置税、船舶吨税、代征的进口货物增值税和消费税；地方税包括土地增值税、城镇土地使用税、城市房地产税、房产税、车船税、契税、耕地占用税、烟叶税；中央与地方共享税包括增值税（国内增值税中央和地方分享各占 50%）、中央铁路和各银行总行的营业税归中央，其他行业的营业税均属于地方（2016 年 5 月 1 日全面实行“营改增”之后营业税已全部取消）、企业所得税和个人所得税（中央分享 60%，地方分享 40%）、证券交易印花税（中央分享 97%，地方分享 3%）、资源税（中海石油资源税收入归中央，其他资源税收入归地方）、城市维护建设税（在税收收入归中央的营业税基础上征收的城市维护建设税归中央，其他归地方）。

2016 年 5 月 1 日全面实行“营改增”之后，营业税作为地方政府的主体税种被取消，为防止地方政府财政收入受到影响，《全面推开“营改增”试点后调整中央与地方增值税收入划分过渡方案》规定，过渡期内增值税中央和地方实行五五分成。

5.4 我国现行税收体制的评价

5.4.1 我国现行税收体制的积极效应

1994年建立起来的税收体制，经过20多年的运行，其积极效应在税收立法权、税收收益权和税收征管权三个方面都各有体现，主要有以下三点：

1. 现行税收体制较好地推进了我国经济体制的转型，为市场经济的建立和发展提供了有力的制度支持

在经济体制由计划经济向市场经济转型，经济增长方式由粗放型向集约型转变的宏观经济背景下，统一按税种划分中央和地方税收收入，改变了原有体制下中央与各省"一对一"谈判而形成的政府间收入分配方式多样化格局，较大程度地缓解了旧体制下分配方式不规范所带来的地区分割、地方保护主义盛行等问题，较好地促进了市场经济初期政府职能的转换和全国统一市场的建立，为发挥市场在国家宏观调控下对资源配置的基础性作用，创造了良好的条件。同时，税收管理权限的集中，特别是立法权的集中，取消了各地的减免税权力，对抑制地区间不良税收竞争以及防范由此所带来的地区间低水平重复建设问题，起到了较为积极的作用，为建立公平竞争的市场秩序、提升经济增长质量与效率，创造了良好的制度环境。

2. 现行税收体制较好地提高了税收收入占GDP的比重和中央财政收入占总收入的比重，为增强中央宏观调控能力提供了坚实的制度保障

围绕着提高"两个比重"（税收收入占GDP比重、中央财政收入占总收入比重）的目标，1994年建立起来的税收体制，以税收分享为基础，确立了中央与地方的税收收入分配关系，极大地提升了税收在筹集财政收入中的主要地位，为税收收入持续多年的快速增长打下了良好的制度基础。同时，将收入规模、增长潜力较大的税种划分为共享税并且中央占较大比重，从体制上确保了中央收入的快速增长。税收收入总规模从1993年的4255亿元提高到2015年的124922亿元（见图5-1），增加了28倍，年均增长13.5%，超过了1984~1993年自实行第二步"利改税"至分税制之前 10 年间 12.3% 的税收年均增长率；税收收入占 GDP 比重与中央财政收入占财政总收入比重分别由 1993 年的 11.8% 和 22% 上升至 2015 年的 18.3% 和 45.5%，中央与地方税收收入之比近年来也基本维持在 51∶49 左右，这有力地保障了国家实施宏观调控的财力所需，特别是为增强中央政府的宏观调控能力奠定了坚实的基础。

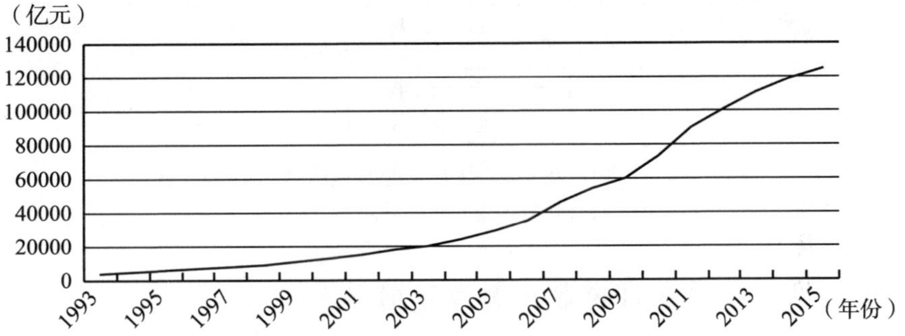

图 5-1　1993～2015 年税收收入趋势变化

资料来源：根据历年《中国统计年鉴》资料数据绘制。

3. 现行税收体制较好地调动了地方政府参与税收体制改革的积极性，为促进地方收入增长提供了有效的制度依托

中央和地方实行税收收入分享与税务机构分设，中央税收拥有专门的征收机构，并自上而下垂直管理，地方税务机构单独设置，并在省一级实行地方政府和国家税务总局双重领导，在省以下实行垂直管理，既保障了中央税收占总收入比重的提升，而且对于调动地方税收征收的积极性也起到了关键的作用。1994～2015 年，中央与地方税收收入年均增长率分别达 10.87% 和 16.62%，其中，地方税收收入在近年来的年均增长速度基本都略高于中央税收收入的增长（见图 5-2）。这是因为税务机构分设改变了原来全部税收均由一个税务局征收的做法，消除了原来的机构设置下征管精力更多地投向收入规模较大的税种而对一些地方小税种重视不足的问题。由地方税务机关专门征收地方税收，极大地促进了税务机关的专业化分工，激励了地方税种征管力度的增强，从而有效保障了地方税征收效率的提升和税收收入的增长。

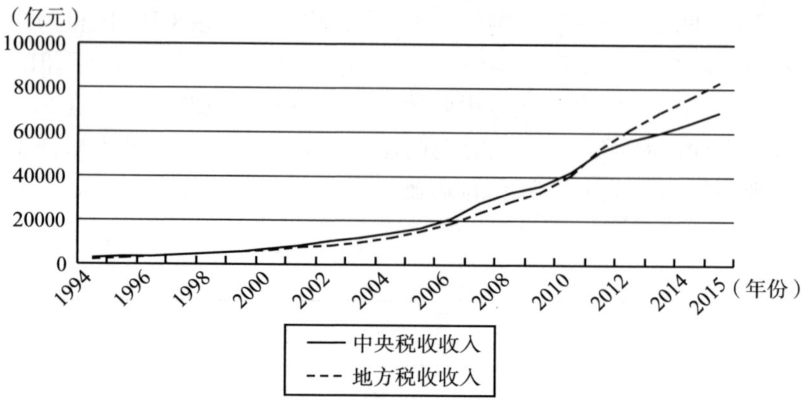

图 5-2　1994~2015 年中央与地方税收收入趋势变化

资料来源：根据历年《中国统计年鉴》资料数据绘制。

5.4.2　我国现行税收体制存在的问题

虽然 1994 年分税制改革以来我国建立的现行税收体制在实践运行中发挥了比较明显的积极作用，但仍然存在着一些需要解决的问题，有些问题还较为突出。拆分来看，主要有税收立法权、税收收益权和税收征管权三个方面的问题，三权既相互独立又内部统一，共同组成了各个问题的方方面面。

1. 税收立法权所存在的问题

我国目前实行的高度集中的税权管理虽然有利于确保国家财政和经济的长期稳定发展，但是，这种高度集权的税收体制对地方政府因地制宜配置财政资源、安排财政收支以及提供公共服务等带来的不利影响也是不容忽视的，并且税权过度集中对地方政府所带来的限制，反而在一定程度上刺激了其通过非规范方式对税收管理权的干预和分割，从而带来了诸多矛盾冲突。

（1）税收立法权过度集中与地方因地制宜配置财政资源的矛盾。我国幅员辽阔，人口众多，经济社会发展极不平衡，地区间资源优势和税源条件也各不相同，实行高度集中的税权管理，容易出现一些和预期状况不同的意外情况。地方税收立法权的缺位，一方面容易致使地方政府无法根据本地经济发展的特点及时开辟新的税源，使许多潜在的税收收入白白流失；而另一方面，全国统一立法开征的税种，在地方不一定都有相应税源，或者税源太小难以征收。并且对于一些全国普遍开征的地方税种，税收立法权过度集中在中央，也不利于充分发挥地方在税收调节中的灵活自主性，同时也使中央的某些税收立法权流于形式，违背了分税制的初衷。

（2）高度集权所带来的地方政府事权与财权的不合理划分。我国政府间事权和财权划分不合理，同时表现在中央与地方政府之间以及地方省级政府与基层政府之间。自我国实施分税制改革以来，中央与地方政府之间税权上收、事权下移的状况，使得地方政府在管理本地公共事务、提供公共服务、维持经济稳定发展方面的事权压力与日俱增，而与事权行使相关的必要财权、税权和财力却受到了较大的限制，因此难免会产生一些政府执行职能不到位的情况。自实施分税制改革以来的 20 多年里，我国税收收入中中央与地方的分配比例大都维持在 55∶45 左右，而各自承担的财政支出的比例为 32∶68，其中公共服务的支出比例为 46∶54。特别是在地方税收立法权缺位的情况下，中央出台税收优惠政策时，可以不存在任何法律障碍地让地方税种承担税收优惠的功能，让地方政府承担优惠政策的成本或收益，从而容易引发地方的抵触情绪或随意变通，导致一些税收优惠政策难以得到正确贯彻执行或者滥用。此外，以 1994 年分税制为基础的财政体制没有确定省级政府与省以下地方政府的税收收入分配框架，并且近年来我国省以下政府间税收体制改革并未取得明显进展，财权与事权的划分出现了相背离的局面，在省以下政府层级之间事权和财权的划分上存在着各种博弈。基层政府没有税收立法权，收入主要依靠共享税，因此其掌握的税收收入极为有限，但目前基层政府的财政支出责任却在不停地增加，这在很大程度上加剧了基层政府的财政困难。

（3）事权与财权的不合理划分又造成了地方政府取得收入行为的非规范化。现行分税制方案是在中央与地方政府的博弈过程中，中央政府做出一系列调整、妥协与让步而形成，政府间税收分权不规范，中央和地方政府之间的税收关系确立缺乏法律依据，制度本身缺乏稳定性。并且，我国税收立法权的纵向划分一直以来都没有一个统一、稳定的法律形式，只是由中央政府颁布行政法规来加以规定。按现行规定，除极少数税种的开征、停征权下放地方以外，其他税种的开征、停征、税率、税目、优惠、减免等税收权限完全由中央统一规定。税权相对集中而事权又不断下移，使得地方政府在不能通过正常、合法渠道取得足额财政收入的情况下，必然会通过政府部门收费、政府性基金和变相举债等形式增加财政收入，这就导致了非税收入的大量存在，造成了地方取得收入行为的不规范。这不仅影响了国家运用税收手段进行宏观调控的效果，而且对国家财政政策等的正常运行也带来了一定的冲击。同时，由于非税收入本身的性质以及管理、使用中存在着不透明、不规范等问题，在为地方公共产品与公共服务募集资金方面，其效率与税收收入显然不可同日而语，并且地方政府通过非规范方式获取非税收入，又将进一步加大地区之间财力的不平衡，加剧各地在提供公共产品服务方面的不均等现象。

（4）与中央政府的博弈增强了地方政府越权管辖的动机。税权高度集中虽然本意是为了维护中央权威，但是过度的税收立法权集中在实际执行中往往容易遇到来自地方的阻力和干预，甚至形成中央集权限制越多、地方越权动机越明显的博弈状况。近年来，地方政府干预税收执法、越权减免、以言代法、以权代法等现象仍屡禁不止；从更长的历史期间看，改革开放以来，中央政府曾经先后数次专门发布过关于严格税收管理权限的文件，但是地方政府在没有获得相应税收立法权的情况下，采取非规范方式干预税收执法的动机却一直没有消除，越权实施税收管辖的情况一直都没有从根本上得到遏制，长此以往将会破坏税收法制，影响国家宏观调控。

2. 税收征管权所存在的问题

国税和地税机构分设是分税制改革得以成功实施的重要组织保障，但是，两套税务机构在实践运行当中也暴露出一些比较突出的问题和矛盾，特别是在新一轮税制改革的要求下和“营改增”等税制改革背景下，税收征管面临着更多的矛盾，主要有以下几个方面：

（1）税务机构分设后征纳成本上升的问题。首先，成立国税、地税两套税务机构，不管是在行政经费成本、人员经费成本方面，还是在固定经费成本方面，例如基建投入、信息系统建设投入等，都会比一套税务机构时增加很多。这推动了我国税收征收成本率（税收征收成本/税收收入总额）长期维持在高位运行，进一步凸显了我国税收征收成本远高于其他大多数国家平均水平的现实状况。其次，国税、地税分设后，有很大一部分纳税人要同时面对来自国税部门与地税部门的征收管理，尤其其中一些纳税事项在国税地税之间还存在着十分明显的重复管理、交叉管理等现象，从而导致了纳税成本大幅增加，降低了税收征管的便利性，抑制了纳税人税收遵从度的上升。

（2）税务机构分设后国地税在协调合作工作上仍然存在着矛盾。虽然近年来国家税务总局从提升行政效率、加强业务整合、增进部门合作等方面，对提高国地税的合作协调度做了很多管理性工作，但是由于分税制体制以及税收制度不够完善等原因，国税与地税之间税收征管权的矛盾始终存在，由此所带来的合作与协调问题一直很难从根本上得以解决。例如企业所得税由国税与地税部门分别征收管理，容易带来难以协调的税收征管范围划分上的争议。这些问题的存在不仅会降低税务机构自身的行政效率，而且也会进一步影响纳税人的税收遵从度，一方面会造成纳税人纳税成本的上升，另一方面也可能导致税务机构税收征管漏洞的增大。

（3）国税、地税的信息获取能力，尚不能适应新一轮税制改革的要求。面向自然人征税，需要强有力的税收征管能力和良好的社会基础，否则会影响税收发挥筹措资金和维护公平的功能。改革后的个人所得税要对我国居民各项收入实行综合计征税款，房地产税对全社会包括个人住房征税，传统的简单依据纳税人申报信息的征税方式难以胜任。我国税法并没有要求金融机构主动向国内税务机关提供本国企业和公民的金融信息；只有经县级以上的税务局长批准后，金融机构才许可税务人员查询偷逃税嫌疑人的存款和资金往来信息。可见，我国税务机关信息获取能力和税收执法权力与目前国际通行做法以及税收管理需要相差甚远，而社会各界对赋予国税、地税机关这些权力也有许多异议，也有待于相应的法律解释和规定。

（4）营业税改征增值税后，地税失去“以票控税”的监管手段。运用税务发票监管税收，不论是国税机关的增值税发票抵扣监控链条，还是地税机关对建筑、房地产、服务行业推行机打发票、定额发票，都是税务机关得心应手、行之有效的税收监管手段。目前，税务机关主要通过税务发票来验证纳税人申报收入的真实程度，从而达到管理税收的目的；而对一些不使用发票的行业，税务机关对其收入监控的能力很弱。营业税改征增值税后，地税机关不再管理发票，就失去“以票控税”或者“以票管税”监管手段，面对新情况，建立完善新的税源监管手段和计税依据的监管方式就显得十分迫切和必要。

（5）地方税收税源更趋于分散，税收征管难度增强。“营改增”后，只有企业所得税、个人所得税和土地增值税占地方税收收入的比重在12%以上，其他地方税收都是小税种。面对税源零星分散、收入增长弹性小、监控专业性强、征收管理难度大的小税种，如何分配管理资源、构建管理体系、提高征管绩效，对税收征管来说是一项全新的任务。

（6）地方税收管理对象大幅增长，要求变革以税收管理员为核心的管理模式。新一轮税制改革后，新地方税种的征税对象和计征办法发生了深刻变化，这将严重冲击旧的税收管理模式。改革后的个人所得税、房地产税和环境保护税等将税收管理领域从传统的商品服务领域扩展到社会各个领域；将征税对象从传统的生产经营从业者扩展到自然人；将计税依据从传统的收入、收益价值形态扩展到特殊标的物实物形态。因此，税制改革将带来地方税收纳税人数量的大幅增长。国税、地税传统的以税收管理员为核心的“管户制”根本无法应对，税务机关大包大揽的“保姆式”工作方法也难以为继，加之新税种计税方式、征收方式的变化，税收申报方式、服务方式、管理方式等必然随之变革。

（7）地方政府组织收入的巨大压力，可能造成税收征管扭曲。全面实现“营改增”后，地方税收的静态收入将大幅度减少，按照目前国家“营改增”财政结算办法，地方政府可以取得相应改征增值税的收入。但是，从2010～2014年全国营业税平均增长率9.99%趋势看，地方失去了与流转额直接关联的重要税种，也就失去了稳定增长的税源，这些将给地税机关组织收入带来长期的压力。在中央和地方政府以组织收入为中心的考核机制引导下，各地为了完成税收任务更易采取“寅吃卯粮”“结转税款”等违背税法的征收管理行为。

（8）现代治税理念，对传统管理模式的冲击。传统税收管理从税务登记开始，取得纳税户籍信息；再从纳税人申报资料中，取得纳税人收入信息；然后从税务审批工作中取得计税依据信息。以习近平同志为核心的党中央和新一届中央政府的治国思路是进一步简政放权，给经济主体更多的活力。伴随着商事制度改革，政府大量减少审批范围，新办企业注册资金由实缴制转变为认缴制，以及推行工商、质监、税务“一证一码”等改革后，纳税人向税务机关申报事项减少，税务机关的审批范围缩小。传统税务机关依赖于“事前登记”“事前申请”“事前报备”“事前审批”的管理方式已经不再适用。在这种情况下，税务机关如何取得纳税人的涉税信息，如何监督纳税人履行税法义务，如何组织税收管理活动都是全新的课题。改革税收征收的管理理念、管理模式已经是箭在弦上，不得不发。

3. 税收收益权存在的问题

我国现行分税制体制为市场经济条件下处理政府间税收分配关系提供了基本的制度框架，但由于这一分享体制是在我国尚缺乏完全及完整意义上的中央和地方主体税种的情况下建立起来的，因此导致其存在着共享税收入比重过大的先天性不足，加剧了政府间税收管理权限的矛盾冲突，主要是税收收益权方面的冲突，这主要体现为以下几个方面：

（1）共享税税种设置不合理所带来的横向政府间税收管理权矛盾。在我国现行的18个税种中，属于中央与地方共享的税种虽然只有4个，但共享税收入占税收总收入的比重却接近80%，其中包括增值税、企业所得税、个人所得税等主要税种。而这些主要税种，由于其税基的流动性较强，税源的跨区域分布比较普遍，将其作为共享税税种，在一定程度上容易带来地区之间税收管理权的冲突，这种税收收益权方面的模糊不清进一步造成了税收征管权方面的矛盾冲突，导致跨区域经营企业其机构所在地与经营活动发生地税收征管上的矛盾突出。特别是在我国目前地方税体系尚不健全的情况下，纯粹的地方税种所带来的收入仅占地方政府实际可支配税收入的很小一部分，再加上“营改增”后作为地方重要税种的营业税的消失，致使地方政府税收收入进一步减少，从而导致地方的财力需求对共享税收入具有更高的依存度，由此进一步加剧了地区之间对共享税税源的争夺。

（2）共享税征管制度不规范所带来的纵向政府间税收管理权矛盾。由于共享税比重较大，在目前国税部门负责征收的税款中，大约有 20% 的部分属于地方级收入，占地方级全部税收收入的 32% 左右，而在地税部门负责征收的税款中，也有 25% 的部分属于中央级收入，占全部中央级税收收入的 13% 左右。国税、地税部门对中央和地方收入交叉征管的现象，在实践中难免出现税务机关之间有关征管范围的争议，同时这种税收征管权上的混乱和争议，也加强了地方政府对税收征管的行政干预，而且这种干预不仅存在于地税部门，国税部门也同样存在。不仅如此，在税收收益权方面，共享税由国税和地税部门分别征收，还容易导致在税款的征收入库方面出现问题。主要是因为地方政府出于自身利益考虑，通常要求税务部门优先保证地方税种的收入入库，从而导致延缓共享税收入的实现，甚至会出现共享税与地方税收入混库的现象，从而造成对中央税收收入的挤占。

（3）税收分享体制不全面所带来的省以下政府间税收管理权矛盾。现行税收分享体制主要处理的是中央与省级地方政府的税收分配关系，而对省以下政府间的分配关系则没有进行规范，而是由各省自行确定。一方面，这引起了省以下地方政府税收收益权分配方式五花八门、差异很大、极不规范的问题；另一方面，在省以下地市、县区级政府同样缺乏主体税种的情况下，省内各地区之间、地市与省之间、县区与地市之间的税收利益博弈和对税源的争夺也同样存在，而且由于省以下政府间税收收益权分配方式的多样化，这种博弈和争夺所带来的税收管理权矛盾表现得比中央与各省之间、省与省之间更为复杂和多样，税收立法权、税收征管权和税收收益权的界定也表现得更为混乱模糊。

4. 中央税系和地方税系分设所存在的问题

增值税作为我国税收体系中的第一大税，自 1994 年实行分税制之后就一直属于中央与地方共享的税种，这种设计主要是为了兼顾中央与地方的利益。但是从实践考察并且实行效果证明，把增值税划归中央与地方共享税，不利于经济增长方式的转变。由于增值税具有顺周期的特点，因此，无论从理论上还是从多数国家的实践来看都是将增值税作为中央税的。我国把增值税确定为中央与地方共享税，使地方财政收入的增长很大程度上取决于投资规模和经济总量的增加，从而在制度上刺激了一些地方政府盲目追求经济总规模的增加，不利于遏制地方追求数量型经济增长的冲动，导致产业布局选择非理性和经济增长方式粗放。

由于地方税体系建设滞后，致使各级地方财政缺乏主体税种，地方自有财力普遍匮乏。自实施分税制改革以来的 20 多年里，营业税一直是仅次于增值税和企业所得税的第三大税种，长期以来营业税收入占地方税收收入的 1/3 左右，在地方财政收入中的比重也维持在 1/4 以上，由此可见营业税在地方税系中所占据的主体地位。自 2016 年 5 月 1 日实行“营改增”取消营业税之后，必定造成地方税主体税种的缺失，而目前增值税实行的中央和地方五五分成的办法，并不是健全地方税体系的长久之计。1994 年税制改革的重点是以推行增值税这类新型税种为核心的改革，对于多数地方税种而言并没有涉及现代新税制的建设问题，仍然沿用计划经济时代甚至是新中国成立初期的设计，部分税种的设计陈旧老化，已不适应市场经济发展要求。例如，资源税采取从量计征办法，没有考虑资源稀缺带来的资源性产品价格变动的特殊规律，使资源税失去了调整资源配置的作用；资源税的征收范围过窄，不利于资源的合理开发和节约利用。

地方税系的不健全和不完整还表现为一些现代地方税种缺失，例如房地产税、环境保护税、遗产与赠与税，以及地方专有和专享的销售税（零售税）、特产税等。

地方税收收入规模小，对地方财政保障能力有限。地方税收收入占地方财政支出的比重在一定程度上体现了地方税收收入对支持地方政府履行政府职能的贡献度。当前我国地方税收收入占地方财政支出的比例仅为 40% 左右，这表明我国地方税收收入对地方财政支出的贡献处于较低水平，地方政府财力不足，仍大量依靠财政转移支付、政府性收费、土地出让、变相举债和违规融资等收入。而过多地依靠中央补助收入及不规范的收入，既限制了地方改进和健全地方税系的积极性、自主性和创新性的发挥，也诱发了地方许多扭曲性行为，这显然不符合建立现代财税制度及科学规范的分税制体制的要求，也有违国家治理体系现代化的要求。

第 6 章

我国现行税收体制的实证分析

6.1　税权分权度的衡量

税权分权度的衡量一直是进行税权划分相关实证研究的主要问题之一，构建税权分权的衡量指标，进而对税权分权进行测量，是一件富有挑战性的工作。目前，国内学者分析税权分权时一般都把税收分权作为财政分权相关指标的一部分进行研究，而选取财政分权度指标的方法错综复杂，选用不同的指标体系对于分析结果有很大的影响。

徐永胜、乔宝云（2012）在奥茨（Oates，1972）开创性贡献的基础上，总结了实证研究文献中出现的一些衡量财政分权度的不同方法。实证研究中应用的主要方法有三种：第一，财政支出指标，以地方政府支出占全部政府支出比重为基础的方法常用来构造衡量一国财政分权度的指标（Oates，1972；Zhang & Zou，1998；Qiao et al.，2008）；第二，财政收入指标，许多研究人员使用地方政府收入在总的政府收入中所占比重来衡量一国的财政分权度（Oates，1972；Lin & Liu，2000；Akai & Sakata，2002）；第三，独立性指标，在财政分权对各种经济活动作用和影响的研究中，许多学者采用建立在地方自治概念上的方法，以地方政府的自有收入与其财政支出的占比来衡量（DeMello，2000）。徐国祥、龙硕（2016）提出，国内外的学者主要采取的是单指标度量方法，除以上三种指标之外，还有分成比率指标，即用省级政府自有收入的边际或平均增量来衡量财政分权。

许多学者认为单指标度量方法不足以说明财政分权的程度，尝试通过构造财政分权计算公式的方法度量财政分权水平。刘金涛、曲晓飞（2008）将预算外收支和取大后的预算内收支糅合，构造出财政分权计算公式：（max ｛地方预算内支出、地方预算内收入｝＋地方预算外收入）/全国预算内外支出。徐永胜、乔宝云（2012）利用加权的地方自治水平构建出计算财政分权度的公式：$D*(g)=\gamma\sum n_j=1(e_j)\alpha(r_j)\beta$，其中，常数 $\gamma>0$，$\alpha\geqslant0$，$\beta\geqslant0$，$\alpha+\beta>0$，e_j 为 j 省市财政支出占全国财政总支出的比重，r_j 为 j 省市财政收入占全国财政总收入的比重。

由于中国式财政分权的多维度性，越来越多的学者开始尝试用构建指标体系的方法综合多维信息构建度量财政分权的指标。张晏、龚六堂（2005）构建了 DC_{REV}（地方政府预算内本级财政收入/中央预算内本级财政收入）、DC_{EXP}（地方政府预算内本级财政支出/中央预算内本级财政支出）、DC_{NET}（（地方政府预算内本级财政支出－净转移支出）/中央预算内本级财政支出）、DC_{ALL1}（总收入）、DC_{ALL2}（总支出）、DC_{EXP2}（（DC_{EXP}＋DC_{NET}）/2）等 6 个财政分权总量衡量指标及其相对应的 6 个人均指标。沈坤荣、付文林（2005）提出了 R_{BE}（各地方预算内财政支出占全国预算内财政总支出的比重）、R_{BI}（各地方预算内财政收入占全国预算内财政总收入的比重）、R_{OE}（各地方预算外财政支出占全国预算外财政总支出的比重）、R_{OI}（各地方预算外财政收入占全国预算外财政总收入的比重）、R_{BIE}（各地方预算内财政收支占全国预算内财政总收支的比重）、R_{BOE}（各地方预算内和预算外财政支出占全国预算内和预算外财政总支出的比重）和 R_{BOI}（各地方预算内和预算外财政收入占全国预算内和预算外财政总收入的比重）7 个测量财政分权的指标。龚锋、雷欣（2010）则是将财政分权分为收入分权、支出分权和管理分权三大类，构建地方财政收入自治率、地方财政收入占比、地方财政支出自治率、地方财政支出占比、地方税收管理分权度和地方行政管理分权度等 6 个指标来综合表征各省市的财政分权水平。徐国祥、龙硕（2016）基于世界银行对财政分权的界定，从税权分权、收支分成和央地分离三个维度出发，选取税收立法权分权度、税收分配权分权度、地方财政收入分成度、地方财政支出分成度和地方财政自给度等 5 个指标编制出反映我国央地两级政府财政分权程度的指数——中国财政分权度指数（CFDI）。

借鉴国内学者对财政分权度的衡量方法，结合本书的研究目的，我们将从税收立法权、税收征管权和税收收益权对税权分权的程度进行全面的衡量。其中，税收立法权分权度代表的是中央和地方政府在制定税收法律法规、决定税种的开征和停征、确定税目和税收优惠、调整税率等权限的划分程度；税收征管权分权度代表的是中央和地方政府征税机关依据税收法律规范所享有的对税收进行征收、管理和检查的权力的划分程度；税收收益权分权度则是代表税收收入在中央和地方政府间的分配权划分情况。

6.1.1　税收立法权分权度

税收立法权不仅包括税收法律的制定权和解释权，还包括税种的开征权和停征权、税目的确定权和税率的调整权、税收优惠的确定权等，税收立法权是税收征管权和税收收益权的基础。

OECD 国家设计出了一套反映地方政府税收自主权水平的分析框架，在这一框架下，地方政府的税收自治程度由大到小划分为“A、B、C、D、E、F”6 个等级。A 类表示地方政府拥有地方税税率、税基等方面的全部权力；B 类表示地方政府只拥有地方税税率确定方面的权力；C 类表示地方政府仅有确定地方税税收优惠的权力；D 类表示中央与地方的共享税；E 类表示地方政府在税率和税基两方面都没有权力；F 类为其他情况。[①] 可以看出，税种的分类等级越靠前，说明地方政府对该税种的税基、税率的决定权和调整权的分权程度越大，也就是地方政府对该税种的税收立法权的分权程度越大（参见表 6－1）。

根据 OECD 国家对地方政府税收自主权的划分等级，借鉴徐国祥、龙硕、李波（2016）提出的税权分权度的衡量方法，将地方政府的税收立法权分权度设定为国家税收收入中不同类型税种的税收收入占全国税收收入总额的比重，并赋予相应的权重，即税收立法权分权度的量化计算公式为：

$$税收立法权分权度 = \sum_{i=1}^{k} \frac{m_i}{M} \times l_i \times 100 \text{ ②}$$

其中，m_i 为 i 等级税种的税收收入金额，M 为全国税收收入总额，l_i 为 i 等级税种对应的量化百分比，k 为税种等级的总数。如果所有税种的税基和税率都由地方政府决定，则地方政府的税收立法权的分权度为 100

① 白彦锋：《OECD 成员国与我国地方税权的借鉴研究——基于“税收自主权”角度的分析》，载《涉外税务》2007 年第 2 期，第 37～40 页。

② 徐国祥、龙硕、李波：《中国财政分权度指数的编制及其与增长、均等的关系研究》，载《统计研究》2016 年第 9 期，第 36～46 页。

点；如果所有税种的税基和税率都由中央政府决定，则地方政府的税收立法权的分权度为 20 点。

在分税制的财政体制下，税收立法权强调的是中央集权，无论是中央税、中央地方共享税还是地方税，基本上都是由中央统一立法，地方只能在税收法律和法规明确授权，并且不与其相抵触的前提下，对某些地方税种如房产税、车船使用税等行使制定实施细则的权限，一般都无权自定地方性税收法规。我国目前的税收法律体系中，有关的税收法律、法规、规章及规范性文件，基本上都出自中央，按法律效力的大小依次为：（1）由全国人民代表大会及其常委会制定的税收法律，如《中华人民共和国外商投资企业和外国企业所得税法》《中华人民共和国个人所得税法》《中华人民共和国税收征收管理法》等。（2）国务院根据全国人民代表大会及其常委会的授权制定的具有法律效力的税收暂行规定或条例，即授权立法。根据 1984 年全国人民代表大会常务委员会授权立法和 1985 年全国人民代表大会授权立法，国务院从 1994 年 1 月 1 日起实施工商税制改革，制定实施了增值税、营业税、消费税、资源税、土地增值税、企业所得税等 6 个税种的暂行条例。这些暂行条例的法律效力仅次于税收法律，高于一般的税收行政法规，具有“准法律”性质。（3）国务院根据宪法赋予的、可“根据宪法和法律，规定行政措施，制定行政法规，发布决定和命令”的权力所制定的税收行政法规，如《中华人民共和国外商投资企业和外国企业所得税法实施细则》《中华人民共和国个人所得税法实施细则》《中华人民共和国税收征收管理法实施细则》等。（4）国务院财政税务主管部门制定的规章，主要是财政部、国家税务总局就有关税收法律、法规做出具体解释、规定，如财政部颁发的《中华人民共和国增值税暂行条例实施细则》、国家税务总局颁发的《中华人民共和国发票管理办法实施细则》等。在我国，几乎所有税种的税收立法权都集中在中央，地方政府基本没有税收立法权，税收立法权的分权程度比较低，从税收自治程度的分类情况来看，基本属于 E 等级（参见表 6 - 1），即所有税种的税基和税率都由中央政府决定的情况。[①] 按照上文设立的税收立法权分权度计算公式测算 2007 ~ 2014 年我国地方政府的税收立法权分权度（参见表 6 - 2）可以看出，我国税收立法权分权度约为 20 点略多一点，2014 年税收立法权分权度最高，约为 25 点，但也只比所有税种的税基和税率都由中央政府

---

① 樊勇：《财政分权度的衡量方法研究——兼议中国财政分权水平》，载《当代财经》2006 年第 10 期，第 33 ~ 36 页。

决定时（E 等级）的地方政府税收立法权分权度高 5 个百分点。

表 6－1　　OECD 对于税种的划分等级

等级		特点	量化百分比（%）
A	a1	地方政府自行决定税率和税收减免	100
	a2	地方政府在与中央政府商议之后，决定税率和税收减免	90
B	b1	地方政府决定税率且中央不设定上下限	80
	b2	地方政府决定税率但中央设定上下限	70
C	c1	地方政府设定免征额	60
	c2	地方政府设定税收扣除额	53.3
	c3	地方政府同时设定免征额和扣除额	46.6
D	d1	由地方政府决定分享比例的税种	40
	d2	分享比例的改变必须征得地方政府同意的税种	35
	d3	分享比例的改变由中央政府单方面通过立法改变的税种	30
	d4	分享比例的改变由中央政府单方面通过年度预算改变的税种	25
E	e	由中央政府决定税基和税率的税种	20
F	f	不属于上述任何一种类型	0

资料来源：徐国祥、龙硕、李波：《中国财政分权度指数的编制及其与增长、均等的关系研究》，载《统计研究》2016 年第 9 期，第 36～46 页。

表 6－2　　2007～2014 年中国税收立法权分权度

指标	2007 年	2008 年	2009 年	2010 年	2011 年	2012 年	2013 年	2014 年
税收立法权分权度	24.81	23.61	23.79	24.32	24.37	24.72	25.28	25.51

资料来源：根据历年《中国统计年鉴》测算。

6.1.2　税收征管权分权度

1994 年分税制财政体制改革将我国税收收入划分为中央税、地方税、中央与地方共享税，同时根据收入归属划分税收管理权限的原则，相应规定了税收征管权。目前的税收征管权划分的格局是：中央税的税收管理权由国务院及其税务主管部门即财政部和国家税务局管理，由国家税务局和海关负责征收；地方税的管理权由地方人民政府及其税务主管部门管理，由地方税务机构负责征收；对中央与地方共享税，主要由中央税务机构负责征收，少部分由地税部门征收。所以在所有税种中，国家税务局负责国内增值税，消费税，车辆购置税，铁道部门、各银行总行、各保险公司总公司集中缴纳的营业税①，企业所得税和城市维护建设税，中央企业缴纳的企业所得税，中央与地方所属企业、事业单位组成的联营企业、股份制企业缴纳的企业所得税，地方银行、非银行金融企业以及部分企业、事业单位缴纳的企业所得税，海洋石油企业缴纳的企业所得税、资源税等税种的征收管理；地方税务局负责营业税，部分企业、事业单位企业所得税，个人所得税，资源税，印花税和城市维护建设税，房产税，城镇土地使用税，耕地占用税，契税，土地增值税，车船税，烟叶税等税种的征收管理；海关系统负责中央税中的关税、船舶吨税及进口环节的增值税、消费税等税种的征收管理。下面将税收征管权分权度设定为地方税务系统负责征收的税收收入占国税、地税系统征收的税收收入总额的比重，其计算公式即为：

$$税收征管权分权度 = \sum_{i=1}^{n} \frac{t_i}{T} \times 100$$

其中，t_i 为由地方税务系统征收的税种 i 的金额，T 为国家税收收入总额。如果所有税收都由国家税务系统征收，则税收征管权分权度为 0 点；如果所有税收都由地方税务系统征收，则税收征管权分权度为 100 点。根据我国目前税收征管现状计算可得 2006 ~ 2015 年我国税收征管权分权度，从表 6 – 3 中可知，我国税收征管权分权度也比较低，多数年份在 35 点上下，但是近年来有所上升，2015 年达到最大值，为 40.88 点。

表 6 – 3　　2006 ~ 2015 年中国税收征管权分权度

指标	2006 年	2007 年	2008 年	2009 年	2010 年	2011 年	2012 年	2013 年	2014 年	2015 年
税收征管权分权度	28.69	35.77	33.52	34.98	35.77	36.52	37.01	38.27	38.54	40.88

资料来源：根据历年《中国统计年鉴》测算。

① 自 2016 年 5 月 1 日起，全面实行营业税改征增值税。

6.1.3　税收收益权分权度

税收收益权代表的是税收收入在中央和地方政府间的划分情况。目前，我国现行的税收体系中，分配给中央的税收主要包括车辆购置税、外贸企业出口退税、船舶吨税、关税、进口产品增值税和消费税、国内消费税这 6 种；分配给地方政府所有的税收主要包括耕地占用税、契税、城镇土地使用税、房产税、土地增值税、车船税、烟叶税、除证券交易印花税外的其他印花税共 8 种；中央与地方共享税主要包括增值税、营业税、企业所得税、个人所得税、证券交易印花税、城市维护建设税、资源税 7 种。[①] 其中，中央税和共享税中归中央的部分是中央政府的税收收入，地方税和共享税中归地方的部分是地方政府的税收收入。但是中央政府可以通过转移支付及税收返还将中央政府的税收收入进一步分配给地方，所以税收收益权包括税收的初次收益权和经过转移支付后的最终收益权。初次收益权由地方税决定，最终收益权由共享税和共享税的分配比例决定。所以，借鉴徐国祥、龙硕、李波（2016）提出的税权分权度的衡量方法，将税收收益权分权度设定为地方税和共享税中分配给地方的部分之和占国家税收收入总额的比重，即税收收益权分权度的计算公式为：

$$\text{税收收益权分权度} = \left(\sum_{i=1}^{n}\frac{s_i \times p_i}{T} + \sum_{j=1}^{m}\frac{t_j}{T}\right) \times 100$$ [②]

其中，s_i 为共享税 i 的金额，p_i 为共享税 i 分配给地方的比例，t_j 为地方税 j 的金额，T 为国家税收收入总额。如果所有税收都归中央所有，则税收收益权的分权度为 0 点；如果所有税收都归地方所有，则税收收益权的分权度为 100 点。[③] 根据表 6－4 中列出的目前我国中央和地方对中央税、地方税和共享税的分享比例，可得出 2006～2015 年我国税收收益权的分权度，从表 6－5 中可知，我国税收收益权分权度约为 45 点，但是近年来有所上升，2015 年为 49.74 点，非常接近 50 点，表明我国地方税收收益所占比重越来越大，几乎为全国税收收入的一半。

①②③　徐国祥、龙硕、李波：《中国财政分权度指数的编制及其与增长、均等的关系研究》，载《统计研究》2016 年第 9 期，第 36～46 页。

表6－4　　中央和地方对中央税、地方税和共享税的分享比例

	税种	中央分享比例（%）	地方分享比例（%）
中央税	国内消费税	100	0
	关税	100	0
	进口环节的增值税和消费税	100	0
	车辆购置税	100	0
	车船吨税	100	0
地方税	城镇土地使用税	0	100
	耕地占用税	0	100
	土地增值税	0	100
	房产税	0	100
	车船税	0	100
	烟叶税	0	100
	契税	0	100
共享税	国内增值税	75	25
	营业税：铁道部、各银行总行、各保险公司集中缴纳部分	100	0
	营业税：以上其余部分	0	100
	企业所得税：铁道部、各银行总行、各保险总公司集中缴纳的部分	100	0
	企业所得税：以上其余部分	60	40
	个人所得税：储蓄存款利息	100	0
	个人所得税：除储蓄存款利息以外的部分	60	40
	资源税：海洋石油企业缴纳的部分	100	0
	资源税：除海洋石油企业缴纳的部分以外的部分	0	100
	城市维护建设税：铁道部、各银行总行、各保险总公司缴纳的部分	100	0
	城市维护建设税：以上其余部分	0	100
	印花税：证券交易	97	3
	印花税：其余部分	0	100

资料来源：根据历年《中国财政年鉴》的相关内容整理。

表6-5　2006~2015年中国税收收益权分权度

指标	2006年	2007年	2008年	2009年	2010年	2011年	2012年	2013年	2014年	2015年
税收收益权分权度	41.25	43.62	44.24	45.71	45.33	46.25	47.63	48.96	49.04	49.74

资料来源：根据历年《中国统计年鉴》测算。

6.2　税收分权度指数的合成

为了浓缩三种税收分权度的指标信息，更全面地反映中国税收分权度指数，需要用恰当的指标合成方法，对税收立法权分权度、税收征管权分权度和税收收益权分权度进行综合。指标合成的方法多种多样，有复杂的应用统计方法，比如主成分分析法。但是基于这些复杂的统计方法获得的组合指标，往往不具有明确的经济含义。如果进行指标组合的目的仅仅是对经济主体进行排序，则应用复杂的加总方法更为合意；反之，如果目的是为了基于组合指标的数值对经济主体的行为进行评价，则采用简单直观、含义明确的加总方法似乎更为合适，[①] 主要有加权求和法（SAW）、加权乘积法（WP）、加权理想重置法（WDI_2）、逼近理想解排序法（TOPSIS）（见表6-6）。其中加权乘积法（WP）在综合指标的过程中对单个指标的信息损耗程度最低，得出的结论更为科学和客观。在缺乏客观评判标准的前提下，最佳的选择是对各个指标赋予相等的权重。因此，本书采用加权乘积法（WP），对各个指标选择相等权重，对税收分权度进行合成（见表6-7）。

表6-6　税收分权度指标加总方法及公式

加总方法	简称	公式
加权求和法	SAW	$CI_j^{SAW} = \sum_{k=1}^{6} \omega_k \gamma_{kj}$
加权乘积法	WP	$CI_j^{WP} = \prod_{k=1}^{6} (\gamma_{kj})\omega_k$

① 龚锋、雷欣：《中国式财政分权的数量测度》，载《统计研究》2010年第10期，第47~55页。

续表

加总方法	简称	公式
加权理想重置法	WDI_2	$CI_j^{WDI_2}=\sqrt{\sum_{k=1}^{6}(\omega_k\gamma_{kj})^2}$
逼近理想解排序法	TOPSIS	$CI_j^{TOPSIS}=\frac{\sqrt{\sum_{k=1}^{6}(\omega_k\gamma_{kj}-\min(\omega_k\gamma_{kj}))^2}}{\sqrt{\sum_{k=1}^{6}(\omega_k\gamma_{kj}-\min(\omega_k\gamma_{kj}))^2}+\sqrt{\sum_{k=1}^{6}(\omega_k\gamma_{kj}-\max(\omega_k\gamma_{kj}))^2}}$

资料来源：龚锋、雷欣：《中国式财政分权的数量测度》，载《统计研究》2010 年第 10 期，第 47 ~ 55 页。

表 6 – 7　　税收分权度各指标的权重设定

指数	指标	指标权重
税收分权度指数	税收立法权分权度	1/3
	税收征管权分权度	1/3
	税收收益权分权度	1/3

根据以上指标、指数设定的计算方法，本书对 2006 ~ 2015 年中国的税收分权度指数进行了计算，表 6 – 8 列示了计算结果。2006 ~ 2015 年，中国税收分权度指数总体比较低，但是呈现出了上升的趋势，2015 年达到最大值为 36.87。税收分权度上升的原因主要是税收征管权分权度和税收收益权分权度显著上升，2015 年地方税收收益与中央税收收益基本持平。

表 6 – 8　　2006 ~ 2015 年中国税收分权度

指标	2006 年	2007 年	2008 年	2009 年	2010 年	2011 年	2012 年	2013 年	2014 年	2015 年
税收分权度	29.98	33.13	32.59	33.57	33.70	34.26	34.88	35.75	35.86	36.87

资料来源：根据历年《中国统计年鉴》测算。

6.3　税收分权与经济增长的实证分析

税收分权是财政分权的重要组成部分，税收分权形式及其分权程度对经济增长具有重要影响。1994 年分税制改革之后，国内学者开始对我国的税收分权进行研究，这些研究都分散于财政分权经济增长效应的研究之中，而且由于研究视角、研究方法和样本选取等不同，目前对中国税收分权与经济增长之间的关系并未形成一致的研究结论。

有的学者认为分权促进了经济增长。如傅勇（2008）的研究表明分税制改革强化了地方财政激励，至少在经济利益上，地方政府（官员）有很高的积极性推动经济增长。林毅夫、刘志强（2000）利用省级数据估算了中国自 20 世纪 80 年代开始的财政分权在经济增长上所产生的作用，发现在控制了同时期其他各项改革措施的影响后，财政分权提高了省级人均 GDP 的增长率。

也有的学者认为分权对经济增长有消极作用。如郭庆旺、吕冰洋（2004）的研究结论表明，就全国而言，税负水平对 GDP 增长率具有正的影响，边际税负对 GDP 增长率具有负的影响；但从区域影响角度看，税收对经济的影响除东部与全国一致外，中部和西部无论是税负水平还是边际税负对全国都具有显著负影响，进而推论出 1994 年以来的税收增长将扩大区域经济差距。但是吕冰洋（2010）随后的研究肯定了分权能够促进税收增长，他归纳了中央和地方政府关于税权配置的四种契约形式，认为分税制下以分税合同为主的税权配置模式的变化，是推动税收高速增长的重要因素。沈伟（2008）则认为，由于中央高度的税收集权和不完善的转移支付制度的存在，改革开放后中央和地方的税权划分，无论是分权还是集权，都表现出阻碍经济增长的作用。

除此之外，有许多学者对财政分权与经济增长的关系也进行了一些研究。如殷德生（2004）通过构建最优财政分权模型，得出存在一个最优财政分权度使得经济增长率实现最大化的结论。张晏、龚六堂（2005）实证检验了中国 1986 ~ 2002 年财政分权与经济增长的关系，发现中国的财政分权效应存在显著的跨时差异和地区差异。徐国祥等（2016）提出了中国财政分权度指数的合成方法，并构建了一个财政分权与经济增长关系的动态面板模型，得出财政分权与经济增长之间呈现倒“U”型关系，与我国经济增长最为匹配的财政分权度指数值是35.68。

下面，本书从实证角度来探索最有利于经济增长的最优税收分权度。

6.3.1 模型设置

根据C－D生产函数 $Y(t)=A(t)\cdot K(t)^{\alpha}\cdot L(t)^{\beta}$ 可知，地区经济增长率取决于资本增长率、劳动投入增长率和技术进步等因素，还有制度、环境和资源等地区禀赋差异。借鉴张晏和龚六堂（2005）、单新萍（2012）和徐国祥等（2016）的研究成果，结合本书的研究目的，建立如下实证分析模型：

$$Y_t=\alpha_0+\alpha_1Y_{t-1}+\alpha_2TD_t+\alpha_3TD_t^2+\alpha_4X_t+\varepsilon_t$$

其中，Y_t 表示t时期的经济增长率，Y_{t-1}是 Y_t 的滞后项，用以表示经济增长惯性。TD_t 表示基于上文构建的税收分权度指数，为防止其系数过小，将其缩小为原来的1/100。TD_t^2 是税收分权度指数的平方项，用以表示税收分权与经济增长之间的非线性关系。X_t 表示其他可能对经济增长产生影响的控制变量，包括：投资率（k），用社会固定资产投资总额占GDP的比重表示；贸易开放程度（open），用进出口贸易总额占GDP的比重表示；宏观税负（burden），用财政收入占GDP的比重来表示；就业增长率（labor），用三次产业就业人数增长率来表示；产业结构水平（structure），用第一产业增加值占GDP的比重来表示；ε_t 为误差项。

6.3.2 数据说明

本书采用1994～2015年中国的相关数据，文中各个变量的原始数据来自中国统计局网站、中经网和《中国统计年鉴》。各变量的统计描述如表6－9所示。

表6－9　全样本基本变量定义及描述统计（1994～2015年）

变量符号	变量定义	均值	标准差	最小值	最大值
Y	经济增长率	0.1462	0.0710	0.0630	0.3634
TD	税收分权度指数	0.2916	0.0505	0.2160	0.3687
k	投资率（社会固定资产投资总额/GDP）	0.4909	0.1659	0.3129	0.8156

续表

变量符号	变量定义	均值	标准差	最小值	最大值
open	贸易开放程度（进出口贸易总额/GDP）	0.4510	0.0995	0.3152	0.6424
burden	宏观税负（财政收入/GDP）	0.1650	0.0410	0.1018	0.2210
labor	就业增长率（就业人数增长率）	0.0067	0.0033	0.0026	0.0130
structure	产业结构水平（第一产业增加值/GDP）	0.1295	0.0368	0.0883	0.1960

资料来源：根据历年《中国统计年鉴》；中国统计局网站；中经网整理并计算得出。

6.3.3 实证结果与分析

对模型中控制变量的估计结果显示，投资率、贸易开放度和就业增长率对经济增长率都具有正向影响，宏观税负和产业结构水平对经济增长都具有负向影响。

对税收分权度的估计结果显示，税收分权度指数的一次项系数为正，二次项系数为负，表明税收分权与经济增长之间存在类似倒“U”型的关系，亦即表明存在着一个与我国经济增长最为匹配的税收分权度指数。

对税收征管权分权度的估计结果显示，税收征管权分权度与经济增长呈现正相关关系，表明当拥有更大的税收征管权时，地方政府可以通过调整税收征管力度，在一定程度上降低地方宏观税负，从而吸引更多的投资，促进地方经济增长。

对税收收益权分权度的估计结果显示，税收收益权分权度与经济增长呈现正相关关系，表明赋予地方政府更多的税收收益权，由地方政府配置更多的财政资金，能够充分发挥地方政府发展本地经济的积极性和信息优势，从而有利于地方经济的增长。

6.4 地方财政收入的结构性分析

地方财政收入的来源主要包括税收收入和非税收入两大部分。表 6－10 中列出了我国地方一般预算收入的基本结构。从表中可以看出，在地方财政收入来源中，处于绝对支配地位的是税收收入，虽然有下降趋势，但是每年都大约占到地方一般预算收入的 80% 左右，2012 年比重最低，也达到了 77.47%。但是，近年来，非税收入比重有增加趋势，从

2011 年开始，非税收入的比重一直占到 20% 以上。2002 ~ 2014 年，非税收入比重最高为 2014 年的 22.06%，最低为 2002 年的 13.02%。

表 6 – 10　　2002 ~ 2014 年地方一般预算收入结构比较

年份	地方一般预算收入（亿元）	税收收入		非税收入	
		收入（亿元）	比重（%）	收入（亿元）	比重（%）
2002	8515.00	7406.16	86.98	1108.84	13.02
2003	9849.98	8413.27	85.41	1436.71	14.59
2004	11893.37	9999.59	84.08	1893.78	15.92
2005	15100.76	12726.73	84.28	2374.03	15.72
2006	18303.58	15228.21	83.20	3075.37	16.80
2007	23572.62	19252.12	81.67	4320.50	18.33
2008	28649.79	23255.11	81.17	5394.68	18.83
2009	32602.59	26157.43	80.23	6445.15	19.77
2010	40613.04	32701.49	80.52	7911.56	19.48
2011	52547.11	41106.74	78.23	11440.37	21.77
2012	61078.29	47319.08	77.47	13759.21	22.53
2013	69011.16	53890.88	78.09	15120.28	21.91
2014	75876.58	59139.91	77.94	16736.67	22.06

资料来源：2002 ~ 2006 年地方非税收入根据一般预算收入和税收收入计算得出，其他数据来源于《中国统计年鉴》和中国统计局网站并通过整理得出。

6.5 地方税收入规模分析

地方税收入规模是描述地方税收入大小的相对概念，我们可运用地方税收入占 GDP 的比重、地方税收入占税收总额的比重、地方税收入占地方财政一般预算支出的比重、地方税收入占地方财政一般预算收入的比重四个指标来考察地方税收入相对规模的大小。[①]

① 靳连峰：《我国税权划分问题研究》，山东大学硕士学位论文，2010 年。

从表6-11 和图6-1 中看出：第一，地方税收入占 GDP 的比重年均约为7.48%，近年有所上升，但增幅较小。第二，地方税收入占税收总额的比重年均约为44.45%，变化趋势与地方税收入占 GDP 的比重基本一致。第三，地方税收入占地方财政一般预算支出的比重在2007~2009 年间有较大幅度的下降，之后基本保持在45%左右。第四，地方税收入占地方财政一般预算收入的比重逐年下降，从21 世纪之初的接近90%，目前降至80%以下。

表6-11 2002~2014 年地方税收入规模分析

年份	GDP（亿元）	税收总额（亿元）	地方税收入（亿元）	地方财政一般预算支出（亿元）	地方财政一般预算收入（亿元）	比重1（%）	比重2（%）	比重3（%）	比重4（%）
2002	121717.4	17636.5	7406.2	15281.5	8515.0	6.08	41.99	48.47	86.98
2003	137422.0	20017.3	8413.3	17229.9	9850.0	6.12	42.03	48.83	85.41
2004	161840.2	24165.7	9999.6	20592.8	11893.4	6.18	41.38	48.56	84.08
2005	187318.9	28778.5	12726.7	25154.3	15100.8	6.79	44.22	50.59	84.28
2006	219438.5	34804.4	15228.2	30431.3	18303.6	6.94	43.75	50.04	83.20
2007	270232.3	45622.0	19252.1	38339.3	23572.6	7.12	42.20	50.22	81.67
2008	319515.5	54223.8	23255.1	49248.5	28649.8	7.28	42.89	47.22	81.17
2009	349081.4	59521.6	26157.4	61044.1	32602.6	7.49	43.95	42.85	80.23
2010	413030.3	73210.8	32701.5	73884.4	40613.0	7.92	44.67	44.26	80.52
2011	489300.6	89738.4	41106.7	92733.7	52547.1	8.40	45.81	44.33	78.23
2012	540367.4	100614.3	47319.1	107188.3	61078.3	8.76	47.03	44.15	77.47
2013	595244.4	110530.7	53890.9	119740.3	69011.2	9.05	48.76	45.01	78.09
2014	643974.0	119175.3	59139.9	129215.5	75876.6	9.18	49.62	45.77	77.94

注：比重1是指地方税收入占 GDP 的比重；比重2是指地方税收入占税收总额的比重；比重3是指地方税收入占地方财政一般预算支出的比重；比重4是指地方税收入占地方财政一般预算收入的比重。

资料来源：根据历年《中国统计年鉴》整理。

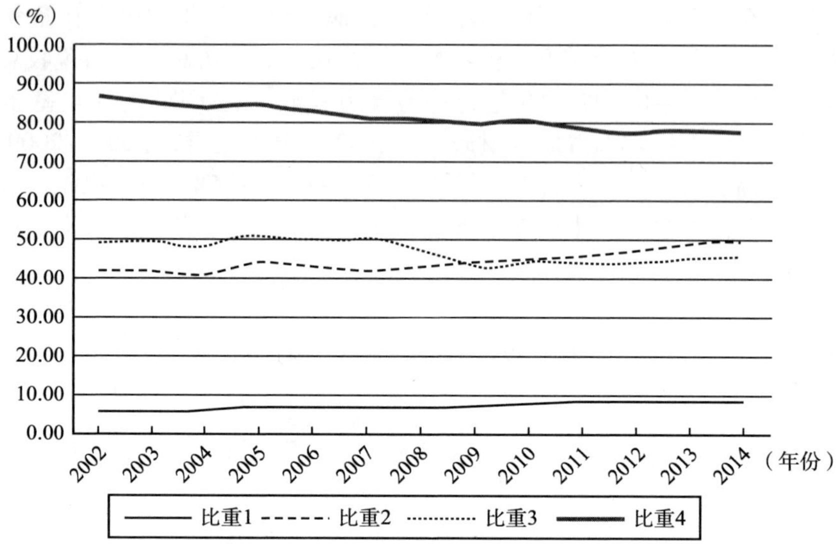

图 6－1 地方税收入四个比重的趋势

资料来源：根据历年《中国统计年鉴》整理。

6.6 地方税级配比分析

税级配比是指一国中央与地方税收分配的比例关系，是宏观层面的财政税收指标。从表 6－12 中可以看出，2002～2014 年地方税所占比重虽然逐年上升，但仍然偏低，比重最高的 2014 年仅为 12.17%，中央税和中央与地方共享税合计所占的份额都在 90% 左右，并且大多数年份超过 90%。由于我国税收立法权高度集中，所以地方税级收入主要来自中央划定。这种划分的结果不利于税制的简化和税收效率的提高，也制约着我国地方税体系的建立和完善。

表 6－12　　2002～2014 年地方税级配比分析

年份	税收总额（亿元）	地方税		中央税		中央与地方共享税	
		税收收入（亿元）	比重（%）	税收收入（亿元）	比重（%）	税收收入（亿元）	比重（%）
2002	17636.45	373.24	2.12	2843.49	16.12	13469.19	76.37
2003	20017.31	489.52	2.45	3382.93	16.90	15051.84	75.19

续表

年份	税收总额（亿元）	地方税		中央税		中央与地方共享税	
		税收收入（亿元）	比重（%）	税收收入（亿元）	比重（%）	税收收入（亿元）	比重（%）
2004	24165.68	766.42	3.17	3319.25	13.74	19067.16	78.90
2005	28778.54	1014.33	3.52	3459.89	12.02	23401.28	81.32
2006	34804.35	1257.20	3.61	3816.16	10.96	28553.66	82.04
2007	45621.97	2872.54	6.30	5052.91	11.08	37696.52	82.63
2008	54223.79	3871.95	7.14	6873.43	12.68	43478.41	80.18
2009	59521.59	5084.44	8.54	8675.92	14.58	45761.23	76.88
2010	73210.79	6851.64	9.36	13081.93	17.87	53277.22	72.77
2011	89738.39	8625.98	9.61	15925.65	17.75	65186.76	72.64
2012	100614.28	10658.01	10.59	17302.67	17.20	72653.60	72.21
2013	110530.70	12871.38	11.65	16987.53	15.37	80671.79	72.99
2014	119175.31	14501.25	12.17	17749.71	14.89	86924.35	72.94

注：地方税包括城镇土地使用税、耕地占用税、土地增值税、房产税、车船税、契税、烟叶税和其他税收收入；中央税包括消费税、进出口货物增值税和消费税、船舶吨税、车辆购置税、关税；中央和地方共享税包括增值税、营业税、企业所得税、个人所得税、资源税、城市维护建设税、印花税。

资料来源：根据历年《中国统计年鉴》整理。

6.7　地方税收入弹性分析

税收弹性系数是在既定的税制条件下，税收增长率与 GDP 增长率的比率，它反映了一种税制的内在增收能力，也是衡量一种税收制度是否优良的标志。从理论上看，为满足财政支出不断增长的需要，税收弹性系数应该大于 1；若弹性系数小于 1，说明税制对经济的反应滞后，即税制缺乏弹性。从表 6 - 13 中可以看出，地方税收入从 2003 ~ 2011 年总体呈现大幅度增长的态势，从 2012 年开始增长率明显降低，2014 年增长率降至个位数，为 9.74%。但是 2003 ~ 2014 年间地方税收弹性系数均在 1 以上，说明地方税收入的内在增收能力较好，基本能够适应财政支出不断增长的需要。但是如果排除税收收入增长的征管因素和政策性变化的影响，税收弹性系数可能会低于1，这又可以说明现行税制设计可能存在一定的缺陷，即地方税体系不健全，或者税收分权度较低，致使地方税收入增长缺乏持续力和稳定性。

表6-13　地方税收入与GDP变动趋势

年份	GDP		地方税收入		地方税收弹性系数
	总量（亿元）	增长率（%）	总量（亿元）	增长率（%）	
2003	137422.0	12.90	8413.27	13.60	1.05
2004	161840.2	17.77	9999.59	18.85	1.06
2005	187318.9	15.74	12726.73	27.27	1.73
2006	219438.5	17.15	15228.21	19.66	1.15
2007	270232.3	23.15	19252.12	26.42	1.14
2008	319515.5	18.24	23255.11	20.79	1.14
2009	349081.4	9.25	26157.43	12.48	1.35
2010	413030.3	18.32	32701.49	25.02	1.37
2011	489300.6	18.47	41106.74	25.70	1.39
2012	540367.4	10.44	47319.08	15.11	1.45
2013	595244.4	10.16	53890.88	13.89	1.37
2014	643974.0	8.19	59139.91	9.74	1.19

资料来源：根据历年《中国统计年鉴》《中国财政年鉴》整理。

6.8　税权分权状况的成因探析

对于我国税权分权的情况，我们不能简单地从某一方面分析得出我国税权分权不足或过度的结论，应该综合税收立法权、税收征管权、税收收益权的分权度和中央、地方税收分权的总体情况进行分析。从税权分权度来看，我国的税收立法权、税收征管权和税收收益权并不统一，税收立法权呈现集权趋势，而税收征管权和税收收益权呈现分权趋势。从中央、地方的税收分权情况来看，虽然地方税收收入占全国税收收入的比重相对较高，但是地方税收收入中的大部分都是共享税，中央政府通过税收对地方政府实行较强的约束和控制，导致我国的实际分权程度较小。总体而言，我国并不是相对集权的国家，也不是相对分权的国家，而是处于两者之间，偏向于集权。我国税权分权的主要问题不在于分权或者集权的强与弱、大和小，而在于分权不规范、体制不完善、机制不健全。导致这些问题的根源则在于我国现行分税制体制中，行政性分权的影响尚未消除，经济性分权的改革尚不彻底，法律性分权的基础尚未健全以及组织性分权的职能尚未协调。①

1994 年实施的分税制改革，着重强调解决中央与地方税收收入分配关系不合理和分配行为不规范的问题。这次改革推进力度大，涉及范围广，实施的效果也比较明显，但是在某些领域的改革还不够彻底，行政性分权的影响仍旧没有消除，导致对税收体制的行政干预依然存在。主要体现为三个方面：一是税收返还制度中的行政性分权特征。这一特征不仅固化了旧体制下中央与地方政府讨价还价谈判所形成的税收收入分配中的不合理因素，使得原有的地区之间财力分配不平衡延续下来，而且还刺激了地方政府过度关注增值税和消费税收入增长的财政利益动机，使得由国税部门征管的中央税或共享税收入也容易受到来自地方政府的行政干预。二是征管范围划分中的行政性分权特征。目前对于由国税和地税分别管辖的共享税种，依然还保留着按照企业的行政隶属关系来划分征管范围的做法。这种做法已经成为中央与地方、国税与地税之间争夺税源的制度性因素，特别是随着市场经济程度的不断提升，混合所有制企业的不断发展，企业行政隶属关系的界定在实践中越来越困难，由此所导致的国地税之间税收征管权争议也越来越多。三是省以下政府间的行政性分权特征。我国现行省以下财政体制总体上还尚未真正进入分税制轨道，许多旧体制下的收支包干、超收分成、定额上缴等做法还普遍存在，基层政府根据行政性分权框架下的财政目标，对税收征管进行干预的现象也更加突出，因此导致了基层税收征管与实际税源的脱节，给正常的征管秩序带来了一定的影响。

现行税收返还制度、税收征管范围划分以及省以下财政体制中存在的行政性分权特征，都是经济性分权不到位的具体体现。除此之外表现最为突出的就是，目前我国在中央和地方政府之间实行的分税制，主要采取税额分享方式，无论是中央政府还是地方政府，均缺乏相对独立的主体税种，都对共享税收入具有较强的依赖。在这种情况下，共享税无论是由国

---

① 《我国税收体制的改革研究》课题组、苏明、刘正均、张学诞、黄运、梁季、王晓雪：《我国税收体制的改革研究——兼论我国税收成本的体制性因素及其优化》，载《财政研究》2009 年第 11 期，第 34 ~ 42 页。

税部门征收还是由地税部门征收，中央与地方政府基于对同一税源的财政需求而产生的博弈行为都难以避免，导致税收体制不能规范运行。因此过于依赖共享税收入来处理中央与地方的税收分配关系，目前还很难实现真正意义上的经济性分权，在中央与地方相对独立的主体税种和税制仍未健全的情况下，国税部门与地税部门在税收征管中的独立性就难以保证，最终会导致实际征管中的矛盾与争议。

回首以往实行过的税收体制改革，在很大程度上都还局限于中央与地方之间税收收入的划分上，还没有真正上升到法律层面上对税权进行有效的划分，规范的分税制本身所包含的“分权制”要求还没有得到充分的体现。《中华人民共和国立法法》规定：税收的基本制度只能制定法律；尚未制定法律的，全国人民代表大会及其常务委员会可以授权国务院根据实际需要，对其中的部分事项先制定行政法规。《中华人民共和国税收征收管理法》规定：税收的开征、停征以及减税、免税、退税、补税，依照法律的规定执行；法律授权国务院规定的，依照国务院制定的行政法规的规定执行。任何机关、单位和个人不得违反法律、行政法规的规定，擅自做出税收开征、停征以及减税、免税、退税、补税和其他同税收法律、行政法规相抵触的决定。因此，在现有法律框架下，地方分权的空间受到了很大限制，几乎全部的税收立法权都被集中在中央，税收体制体现出很强的集权型特征，使得我国目前的分税制也就仅仅体现为税收收入上的分税制，而并不是更为重要的，通过合理界定和划分税权而建立起来的科学规范的分税制。基于这样的体制现状，地方政府在既没有独立的主体税种，又没有独立的税权的情况下，为了实现自身利益需求，难免会产生对中央税基进行侵蚀的潜在动机，甚至诱发许多扭曲行为。

国税地税组织机构分设所带来的互相博弈、争抢税源、纳税成本上升以及地方政府对税务部门的行政干预等问题，机构分设本身并不是根本原因，在上述三种原因下的税收征管权的不合理划分才是根源所在。在行政性分权尚未消除、经济性分权尚未彻底、法律性分权尚未健全的情况下，试图通过机构分设的组织性分权方式，实现对中央和地方税收征管权的合理划分，目前仍缺乏有效的体制基础，导致实践中对诸多税种的征管范围难以界定清晰，对纳税人的交叉重叠管理难以避免，地方政府对中央收入征管的行政干预行为和税收争夺现象也难以彻底根除。

第 7 章

税收体制的国际比较

起始于 20 世纪 80 年代的世界范围内的税制改革对于全球经济产生了重大影响。然而，由于不同时期的社会经济环境存在差异，世界各国税制改革的历史背景不同，因而税制改革也呈现出不同的特点。梳理不同时期不同类型国家的税制改革历史和特点，有助于对世界性的税制改革有一个全面的了解，从而有助于我国深化税收体制改革。

根据中央集权与地方分权的程度不同，发达国家的税收体制可以分为三种：一是以美国为代表的相对分权模式；二是以日本、德国为代表的集权与分权相结合模式；三是以英国、法国为代表的相对集权型模式。除此之外，本书还选取了俄罗斯和印度两个“金砖国家”的典型案例对税收体制进行分析研究。

7.1 美国的税收体制

7.1.1 美国税收体制的历史演变

在美国建国的初期，各种债务和货币发行是联邦政府收入的主要来源，税收收入占财政收入比重很小，开征的税种主要是关税和消费税。直到 1909 年美国政府借修订消费税的名义开征了公司所得税，并于 1913 年借修改宪法的机会正式赋予了公司所得税的合法地位，同年又开征了个人所得税。此后，所得税税率不断提高，其在税收收入中的地位不断上升。1935 年，联邦社会保障法案生效，开征社会保障税。此后，随着社会保障税税目的不断增加、税率的不断提高和税基的不断扩大，社会保障税的收入迅速增长，在20世纪80年代成为仅次于个人所得税的第二大税种，形成了以个人所得税、社会保障税和公司所得税等直接税为主体税种的税制体系。

最初美国州政府的主体税种是财产税，20世纪30年代以后各州陆续开征销售税，财产税的比重持续下降，各州的销售税收入开始迅猛增加，逐渐取代财产税成为州政府的主体税种。所得税是在20世纪初期被各州逐渐引入的，1986年前，其比重在各州的税收构成中很低，1986年的税制改革大幅度降低了联邦所得税的税率后，各州开始重视州所得税，提高税率水平，州的所得税收入比重持续上升。[①] 具体来看，各州的税种构成还是有区别的，这主要取决于各州自身的经济环境、传统和习惯。

美国政府的税收收入一直在增长，其结构也在不断变化。在第一次世界大战以前，美国的税收主要是由地方政府征收，地方政府征收的税收收入占各级政府税收总收入的一半以上，联邦政府征收的税收收入次之，州政府征收的税收收入最少。第一次世界大战以后，州政府的收入增长较快，地方政府的收入比重相应下降。第二次世界大战以后，联邦政府的税收收入迅速增长并逐渐确立了在政府税收收入中的主导地位。自20世纪80年代以来的30多年里，联邦政府的税收收入基本占到税收总收入的50%（见表7-1）。

表7-1　美国各级政府税收收入所占比重　单位：%

财政年度	联邦政府	州政府	地方政府
1980	58.38	24.00	17.62
1990	53.53	26.24	20.23
2000	55.10	26.84	18.06
2010	45.77	30.90	23.32
2011	47.47	29.91	22.62
2012	48.52	29.56	21.92
2013	50.00	30.35	19.65
2014	49.18	29.50	21.32
2015	50.12	29.63	20.25

资料来源：根据 http：//www. Lisgovernmentrevenije. com/各年份有关数据计算整理。

① 彭澄：《对美国税制改革的综合评价》，载《涉外税务》1991年第11期，第26~28页。

7.1.2 美国现行税收体制

美国是联邦制国家，在税收体制上如今实行的是一种分散立法，税源共享，自上而下资金补助的分税制模式，其特征是“分别立法、分别征管、互不干扰、财源共享”。美国联邦、州和地方政府各自有自己的税收管理机构，中央政府以联邦的国内收入局（IRS）为主，全国划分为七个区域，负责联邦税收法律的执行；州和地方政府主要设有州税局和县税局、市税局等，负责州税和地方税的征收管理。国内收入局与州、地方税务局不存在领导、隶属关系，而是各司其职。但是有些州的税收征管机构也代理地方政府个别税收的征管，比如，美国有20多个州代地方政府征收销售税。美国这种相对分权型的税收体制具有以下四大特征。

1. 各级政府之间财权与事权相匹配

美国联邦、州和地方三级政府的支出主要依靠自己的收入，美国宪法对各级政府的财权做了一些具体的限制，即任何一级政府都不能妨碍其他政府的合法活动。

宪法规定了美国各级政府的地位和权力，法律规定、保障并制约政府的权力界限与行为规范，包括政府的财政运行机制。根据美国宪法，联邦和州政府二者在各自权限范围内享有独立的权力，但是，联邦政府相对于州政府拥有优先权。宪法明确规定：州的法律，凡同联邦宪法、法律和条约相抵触者一律无效。[①] 联邦宪法明确规定联邦中央所独享的权力，这些权力被称作“授予权力”，主要包括发行货币、管理对外贸易和国防等十几项内容。在财政支出方面，宪法规定联邦政府主要负责一些全国性的公共产品和能够使全体公民受益的服务开支，主要项目包括国防事务、空间科学技术、大型公共工程、农业补贴、社会保障、联邦行政管理费用等。

对于州政府的职责权限，美国《宪法》第10条修正案规定：“凡宪法所未授予联邦或未禁止各州行使的权力，皆由各州或人民保留。”因此，各州所拥有的权力均为“保留权力”，主要包括：管理州内工商业，建立地方政府，保护健康、安全和道德，保护生命、财产和维护秩序，批准宪法修正案，举行选举，改变州宪法和州政府等。州政府的职责是

---

① 刘丽、张彬：《美国政府间事权、税权的划分及法律平衡机制》，载《湘潭大学学报（哲学社会科学版）》2012年第6期，第53~58页、第76页。

负责联邦中央政府职责以外的州管辖的事务，主要有：州级行政、社会福利、教育、债务、基础设施、管理州内工商业和交通等。州政府的财政支出责任主要是教育、公共福利、公路建设，以及医疗卫生事业等。地方政府的财政支出责任则主要是教育、治安、消防、防卫、家庭和社区服务等。

联邦与州共同享有的权力。在联邦和州的分权体系中，双方除了依据宪法各自拥有和行使的“专有权力”外，还同时拥有一部分共同行使的权力。主要包括征税、借款、设立银行和公司、设立法院、制定和实施法律、举办社会福利、为公共目的而征用财产等。

地方政府的权力和职责是由州宪法和相关法律规定的，地方政府因此受制于州政府。地方政府的主要职责是负责地方行政管理、治安、消防、交通管理、公用事业、地方教育和地方基础设施投资建设等。

2. 各级政府税种划分明确，自成体系，主要税种同源共享

三级政府间划分情况是：（1）联邦政府与州政府均有征税权。（2）联邦政府不得对从任何州输出的商品征税。（3）间接税税率必须全国一致，即关税、国内货物税等间接税的税率各州必须一致，以避免因税负差异而影响市场竞争的效率。（4）各州不得对进口货物和出口货物征税。（5）三级政府对某些财源都有征税权，但联邦政府有优先权。（6）三级政府都有独立的税收立法权、司法权和执行权，各级政府都有自己的专享税，且都有自己的主体税种。（7）联邦政府在全国范围内征收的主要是个人所得税、公司所得税、社会保险税、销售税（包括关税）、遗产赠与税等税种。州政府征收的主要是一般销售税，它约占州政府税收总额的50%。地方政府征收的则主要是财产税，此外，还有少量的销售税（营业税）和个人所得税，20世纪80年代以前，财产税占地方政府税收总额的80%左右。（8）三级政府除主要按税种划分税收收入归属外，同时还采用共享税源、税率分享的形式来划分税收收入。如个人所得税，三级政府同源课税，财源共享，分率计征或者附征，即以联邦个人所得税税基为基础，州与地方再分别按各自的税率，附征各自的个人所得税。

3. 各级政府的税收立法权、司法权及执法权相互独立

美国国会拥有联邦立法权，并有严格的立法程序规定和司法审查制度。美国的联邦税法由国会制定并写入《国内收入法典》。国会中只有众议院的拨款委员会有权提出税法议案，该议案经众、参两院审议通过后提交总统签署，形成税收法案。州议会独立享有州税收立法权，州的税收立法权是根据《联邦宪法》第一条第八节的规定获得的，但又受到一定限制。地方税收立法权主要是州授予的，对于地方税种，州一般只作原则性规定，税收减免和税率则由地方确定，在不与州和联邦法律相抵触的前提下，地方有较大的自主税收立法权。①

美国联邦和州政府各自拥有独立的税收执法权，地方政府从州政府的授权中获得税收执法权。三级政府税收执法权的内容大致相同，一般包括税收征管权、税收减免权、税务检查权、税务处罚权、税务行政复议裁决权以及其他税务管理权。联邦税收执法权的执行机构为国内收入局(IRS)，它是财政部的主要组成机构，主要职责为解释税法、征收税款、评估税负、执行税法、税务稽查和税务犯罪调查等。州税收执法权主要由州税务局行使，它是州政府的职能部门，受州长领导。州税务局与联邦国内收入局除在业务协作、信息沟通等方面有一些联系外，在税收征管、人员和经费管理等方面没有任何隶属关系，其主要职责是执行并解释州立法部门制定的税收法律。各州税务部门的设立与名称不尽相同，一般设立审计（稽查）、研究统计、征收、服务等内设机构。地方政府一般在财政部门内有一个承担税收征收的机构（一般称评估委员会），它作为地方政府的一个职能部门与州税务局没有隶属关系，其主要职责是执行和解释地方政府制定的有关税收法律和政策。

联邦和州分别通过各自的司法系统独立行使税收司法权。不同州之间的税收争议，联邦法院具有司法管辖权。联邦法院系统根据联邦宪法和国会法律设立，州法院系统则由各州立法设立，前者并不高于后者，两者之间没有管辖或隶属关系。由于各州司法制度差别较大，州的法院系统也各具特色，在许多州实行的是“两审终审制”，并设立了类似于联邦最高法院的州最高法院。受理州税收案件的法院一般包括普通法院、上诉法院乃至州最高法院。地方的税收案件一般纳入州税收司法系统管辖。此外，美国联邦和州的刑事侦查机关分别对本级税收刑事案件具有侦查管辖权，但是不同的州对税收刑事案件侦查权的分配不尽相同，一般由州司法部门内设的涉税办公室与州税收执法部门协作配合进行案件侦查和处理。

---

① “UNDP 中国促进减贫的财政能力建设”项目赴美培训税收科研课题组、孙红梅、修兴高、甘霖、吴燕、刘丽：《美国税权划分制度评析与借鉴》，载《涉外税务》2007 年第 2 期，第 31～36 页。

4. 实行自上而下的补助金制度

美国分税制的税收体制也不是绝对的，在实践中存在收入共享成分，具体表现为自上而下的补助金制度。从政府层次看，补助金主要有联邦对州和地方政府的联邦补助金，以及州对地方的州补助金两种类型。其中，联邦补助金主要包括三大类：一是一般目的补助金，它属于一般性收入共享，不附带任何条件；二是使用范围较宽的补助金，对于这种类型的补助金联邦政府通常要确定基本使用范围，获得这项补助金的州和地方政府可以在联邦政府规定的基本适用范围内确定具体的支付项目，并且这种补助金不需要使用者提供配套资金；三是规定用途的补助金，联邦政府在提供这种类型的补助金时通常要规定特定的用途，地方政府只能在规定用途内使用此项资金，而且一般还要依照项目的性质提供项目全部开支的5%～50%不等的配套资金。[①] 在联邦补助金结构中，第三类补助金的比重最大，这也是联邦政府通过自上而下的财政手段控制州和地方政府的资金流动，实现政府宏观政策目标的主要途径。

7.1.3 美国现行税收体制的评价

美国税收体制的优点在于以下几点：(1) 税收征管法制化。美国的法制体系健全，其税收征管的法制化程度也相当高。美国税法及其法规对税收征管中征纳双方的权利和义务、具体征管程序、申报、征收、代扣代缴、税务代理、违法处理、复议、起诉仲裁、免税等都作了具体明确的规定。征税方（税务机关）、纳税人和中介机构法律地位平等，其应享有的权利和应尽的义务是对等的，任何一方做出违犯法律的行为都要受到严厉的制裁。(2) 管理方式现代化。早在20世纪60年代，计算机技术已普遍应用到美国税收征管中，其征管网络贯穿于从纳税申报到税款征收、税源监控、税收违法处罚等税收征管的全过程，大量先进科技手段普遍应用于税收征管领域，不仅大大提高了税收征管的效率和质量，节约了大量的税收成本和社会成本，使税务部门对税源监控的能力大大增强，而且极大地方便了纳税人。(3) 税务审计（稽查）严格化。美国的税收征管实施专业化稽查，采用先进的选案程序和选案软件进行案件的筛选，配以财务审计专家对部分不合理的地方进行修正，然后制定严格的审计（稽查）方案

---

① 陈子璇：《中美两国政府间转移支付制度比较研究》，北京外国语大学硕士学位论文，2015年。

实施审计。税务审计人员都经过严格优质的专业化培训，审计过程也是高度的专业化协作分工，税务审计后的处理、司法也是专业化进行，从而在最大限度上保证了税务审计的质量和公正性。(4) 税务服务社会化。在美国，社会中介机构如会计师事务所、独立执业会计师、律师事务所等比较多，社会中介服务业异常发达。由于美国税法种类繁多，且条文多而细，一般纳税人很难弄明白，故大部分纳税人均委托会计师事务所等中介机构代理纳税事宜。美国社会中介机构有着良好的职业道德，严格遵照法律办理业务，恪守为客户保密原则，且收费合理，所以美国的税务代理比较普遍。

美国税收体制也存在一些缺点，缺乏效率、不够公平和税制过于复杂等等仍是学者和公众批评的焦点。从税制结构来看，主要问题在于过于倚重所得税，间接税比重太小，税基集中于所得，加剧了对经济的干扰，从所得税本身来看，大量且复杂的扣除、宽免和抵免规定，也会导致税负不公。此外，税制过于复杂，增加了纳税人依法纳税和税务机关征管的难度，同时增加了税收征管的成本。

7.2　日本的税收体制

7.2.1　日本税收体制的历史演变

第二次世界大战之后，日本政府依据《夏普劝告》进行了税制改革，这一改革确立了战后日本税制的基本框架。《夏普劝告》的核心是建立持久稳定的税制，其内容主要包括以下三个方面：(1) 建立以直接税为中心的税制，主张以个人所得税为主体；(2) 推行申报纳税制度，取消不适当的税收优惠政策；(3) 明确中央与地方各级政府间的税收权限，建立以独立税为主的地方税制。这一次改革形成的日本税制在战后日本经济的恢复和发展中发挥了重要作用。

进入 20 世纪 80 年代之后，西方发达国家经济普遍萧条，日本经济增长速度也明显放缓，财政收入减少，与此同时，扩张性财政政策实施和社会保障方面支出的增加使得日本财政日益紧张。持续恶化的财政状况严重制约了日本政府运用财政政策的灵活性，降低了日本政府干预经济的能力，阻碍日本经济的发展。这一时期日本社会老龄化现象已经初现端倪，日本 65 岁以上的老年人占社会总人口的比重达到了 7.9%，超过了联合国确定的 7% 的“老龄化社会标准”，正式进入老龄化社会。30 年前建立起的税制已经不能适应此时日本经济社会的发展，所得税的税率过高，严重打击了劳动者的劳动积极性，不利于日本经济的复苏和增长，改革迫在眉睫。

1987 年，日本国会通过了新的税制改革方案，此次改革下调了个人所得税和法人税的税率，新设了消费税，虽然这次税制改革没有改变日本以所得税为主体的税制结构，但是这次税制改革使日本税制结构中所得税和流转税之间的对比关系发生了改变，也反映出日本税制更加重视公平和效率之间的平衡。

20 世纪 90 年代日本泡沫经济崩溃，陷入了严重的经济困难，经济增长率连年下跌，政府税收同样受到了很大的影响，甚至在 1992～1994 年度出现了连续 3 个年度的负增长（分别为 -6.4%、-1.4% 和 -4.6%）。伴随经济增长率的下降，企业经营效益滑坡，破产比率上升，银行及非银行金融机构倒闭事件连续不断。为了促使经济早日走出低谷，日本政府连续实施了大规模的扩张性财政政策，政府支出持续攀升。而为了支持日益膨胀的支出，财政不得不重新依赖于国债的增发，日本财政陷入了艰难的境地。面对这种情形，日本政府在进行其他努力的同时，也试图通过税制改革来缓解财政乃至经济所面临的困境与压力。20 世纪 90 年代日本经历了政府首脑的频繁更替，但进行税制改革的努力一直没有停止过。其中主要的税制改革是村山联合内阁的税制改革和小渊内阁的税制改革。1994 年 6 月上台的村山联合内阁经过艰难的磋商与协调，于当年 9 月最终形成了一个税制改革大纲，其主要内容包括：实施个人所得税、个人住民税减税措施；消费税率于 1997 年 4 月 1 日起提高到 5%；废除消费让与税，从消费税收入中取出 1/5 用于设立地方消费税。1998 年 7 月上台的小渊内阁为了扭转经济的颓势，自上任伊始就开始研究税制改革问题，具体内容包括：（1）个人所得税的减税。主要是采取降低最高税率（个人所得税最高税率由 50% 降为 37%，税率等级减少为 4 档；个人住民税最高税率由 15% 降为 13%）和按比例减税（其中个人所得税减税比率为 20%，个人住民税减税比率为 15%）的方式。（2）法人税的减税。主要是采取降低基本税率的方式，如中央政府征收的法人税的基本税率由 34.5% 降为 30%，地方政府征收的法人事业税的基本税率由11%降为9.6%。(3) 其他方面的减税。为了刺激民间消费和投资，政府进行了相应的税制调整，如用于住宅、土地消费的贷款的减税；有价证券交易税的废除等等。日本政府希望通过这一系列的税制调整，加之其他的措施能挽救日益恶化的财政和低迷的经济，增强日本的国际竞争力。

虽然20世纪末期日本为了挽救经济，接连采取了一系列措施，但日本经济并没有出现根本的好转，在这种情况下，日本政府于2003年和2006年两次进行了比较大规模的税制改革。2003年税制改革的内容主要涉及公司税和消费税两个税种：首先是公司税，由于经过几次税制改革以后，日本的公司税税率已经降至1949年以来的最低点，处于发达国家公司税税率的平均水平，因此只采取了一些鼓励措施，如对IT业的税收优惠和对中小企业的税收扶持；其次是消费税，2001年日本消费税收入占国税收入的19.2%，此次税改对小规模业者免税销售额从3000万日元降到1000万日元，符合使用简易征税制度的小规模业者的年销售额从不超过2亿日元降到5000万日元。2006年税制改革方案的主要内容是：个人所得税，从2007年开始，个人所得税累进税率从4档改为6档。最低档税率由10%下调为5%，最高档税率则由37%上调到40%；法人税，调整了与试验研究费总额相关的特别税额扣除制度，并且适当调整了中小企业的税收优惠。①

7.2.2 日本现行税收体制

日本现行的行政区划为：一都（东京都）、一道（北海道）、二府（大阪府和京都府）、四十三个县。县以下设市、町、村。都道府县、市町村均被视为地方政体。日本现行政府间的事权划分大致为：国防、外交和公安由中央负责；消防、港湾、城市规划和住宅等由地方负责，其中都道府县政府负责港湾等，市町村政府负责消防、城市规划、公共卫生、住宅等与居民日常生活密切相关的事务。而公路、河流、教育、社会福利、劳动、卫生、工商、农林行政等大多数行政事务则由中央与地方共同负责。

日本各级政府的事权、财权划分和相应的法律制度，以及政策决策的

---

① 刘广献：《日本税制改革及其经济效应研究》，河北大学硕士学位论文，2014年。

管理权均集中在中央，但地方自主权仍能得到保证。从总体上看，日本税收体制体现了税收立法权和征收权的相对集中，税收管理权、使用权相对分散的特征。具体表现为：

第一，日本各级政府税种划分明确。

日本税收分为中央税和地方税。中央税又叫国税，地方税又分为都道府县税和市町村税。一般而言，凡是征收范围广、影响全国利益的税种，如个人所得税、法人所得税、继承税、赠与税、酒税、消费税等均列为国税；属于都道府县的税种包括都道府县居民税、事业税、不动产税、汽车购置税等；属于市町村的税种包括市町村居民税、固定资产税、电税、煤气税等。各级政府税种划分的基本特征是，地方税一般征收范围窄、税源小；国税则征税范围广、税源大。日本的国税收入占全部税收收入总额的比重约为2/3。

第二，立法权集中，执行权分散。

在立法上，日本实行中央集权制，因而其税收立法权也集中在中央，中央政府（广义政府，包括国家权力机构）不仅负责中央税收的立法工作，还负责地方税收立法工作。日本中央税（即国税）由大藏省主税局和关税局负责调查研究及起草税收法案，由内阁提交国会两院审议批准。地方税可分为都道府县税和市町村税，均由中央政府制定，立法程序与中央税相似。但是地方政府享有法外地方税的立法权，它是在正常日本地方税收法律规定之外赋予地方政府根据其某些特殊需要而课征的税收，这种需要可能是地方政府收入不足或者是为发展某些特殊的公益事业等。地方政府根据这些需要，对拟开征税种的可行性进行调查论证，起草征收条例，提交本级议会审议批准然后上报中央政府，进而决定该法案是否通过审批。尽管这种立法权必须得到中央审批和授权才能实现，然而这使得日本地方政府具备了一定程度的有限税收立法权。目前，日本的法外地方税有冲绳县的石油价格调整税、鹿儿岛等十县的核燃料税等。日本地方税法所列之法定地方税的立法权限尽管由中央政府集中，但对于税种的开征选择权限则由地方政府掌握，即根据地方的具体情况和需要，地方可以选择法定地方税税目表上适合的税种征税。当地方政府认为由于公益上的原因及其他事由而不宜课税时，则可不课税。此外，对地方税法上所列的地方税种，中央政府列明了标准税率，而标准税率在地方税法中被解释为地方政府课税时可以使用，或者由于有特殊需要也可以不使用的税率。因此地方政府在报经总务省批准后，也就拥有了地方税种适用税率的有限调整权。赋予地方政府对税种的开征选择权和税率的有限调整权，实质上是通过授权和许可的方式将少部分税收立法权转移至地方政府，从而使地方政府有更大空间根据实际情况灵活地建构地方收入体系。

日本的税收执法主体也包括国税和地税两大系统，由两者共同履行税收执法权，共同维护税收秩序和为纳税人服务。国税系统共有三级机构：国税厅、区国税局和税务署，国税厅全面负责国内涉税事务的处理和中央税的征收管理工作。日本国税机构的特点是：税务官员少、内部管理层次少和整体管理效能高。地税机关则设立在地方各级政府。日本的政治体制贯彻地方自治原则，各自治省均设有税务局，负责各类地方税种的征收管理。各都道府县税务局按地区管辖范围的大小分别设置主税局或税务部等主体机构。为了高效征税，都（道、府、县）下设派出机构（税务所）办理都道府县税的有关事宜，而市（町、村）下设的税务所则负责市町村税的征收、管理、稽查、审核、催缴、登记等工作。国税局和地方税务局在行政管理上没有直接的隶属关系，只是相互间业务工作协调配合的关系。

第三，实行地方交付税、国库支出金制度。

地方交付税是指先由中央征收，然后按一定标准在全国各地之间分配的税收，其总额的确定在《地方交付税法》中有着明确规定。目前地方交付税为所得税、法人税和酒税收入的一部分。地方交付税其实是以平衡地区间财政收入为目的的转移支付制度。一般而言，地方交付税不确定专门用途，不附加其他条件，地方政府可以自由使用，如同地方政府税收一样，从而可以保证地方政府有比较稳定的收入。同时，中央政府通过地方交付税可以平衡地区之间的收入差距，是实现地区平衡的有效手段。

国库支出金是中央指定用途而对地方财政的资金转移。根据法律规定，国库支出金的目的是：（1）确保财政资金的有计划、有重点投入；（2）确保重要行政服务的全国平均水平；（3）奖励地方从事难度较大的服务项目；（4）满足救灾等特殊财政需要；（5）支付代理中央办理事务的费用。国库支出金的支付范围，涉及地方财政支出中的工资、差旅费、设备费、融资资金、工程承包费、补助等诸多方面，内容复杂，存在多种分类。根据其法律依据及经费性质，可将其分为国库分担金［与上述第（1）、（2）、（4）项目相对应的支出］、国库补助金［主要是与上述第

(3) 项目相对应的支出] 和国库委托金 [指中央委托地方处理事务的费用，如国会选举、人口普查、经济普查等事务，主要是与上述第 (5) 项目相对应的支出]。国库分担金主要以保证重要行政事务的全国平均水平为目的，用于地方一般行政；国库补助金以提高资金使用效益为目的，用于地方公共投资；国库委托金主要分配在教育、就业、灾害救济等方面。一般地，国库支出金的60%为分担金，40%为补助金和委托金。当然，国库支出金也并不能满足地方政府在上述方面的全部需要，地方政府也要承担部分资金。

7.2.3 日本现行税收体制的评价

日本的税收体制有两点做法和经验值得借鉴：

一是注意处理好集权与分权的平衡。通过控制税收立法权来保障中央政府的权威是各国通行的办法，日本和中国一样属于传统的中央集权国家，在这个问题上也不例外。日本中央政府把税收立法权集中到自己手里，从中掌握了国家财力分配的主动权，确保了中央政府对地方政府的影响力。随着地方政府事权逐渐扩大，中央对地方的控制由以前的全面控制转为以财政控制为主，主要手段包括控制税收立法权和财政转移支付制度等。但地方的情况依然千差万别，对财力需求各不相同，为保证地方政府的财政能力和自治能力，日本政府通过法外地方税设计，保障了地方政府对财力的特殊需求。另外通过授予地方税种和税率的有限选择权，也增加了地方财政的灵活性，使地方税收结构与经济政策相适应，完善了地方自治的功能。

二是注重发挥税权划分的市场机制支持效应。作为一个发达的资本主义国家，日本有着良好的市场经济环境，市场机制在经济生活中具有绝对主导地位。尽管日本政府对外资进入本国市场设置了不少障碍，但对国内资本自由流动却是鼓励或不限制的。日本的国内市场是统一的，而不是割裂的，这样的市场环境支持了税权划分的制度设计。由于资本和人才的自由流动，即便赋予地方设置法外地方税和选择地方实际征收税率的权利，地方政府都不会也不敢做出偏激举措。如果地方政府为获取收入而选择更多税种和更高税率，加重企业和个人的税收负担，势必引起人口和资本的外流，影响当地经济发展。

7.3　德国的税收体制

7.3.1　德国税收体制的历史演变

1871 年德意志帝国成立时，就颁布了所得税法。1920 年，德国将所得税纳入联邦税制，使得联邦收入大为增加。在此之前，1916 年德国为筹集军费开征了商品销售税。第二次世界大战之后，德国分为民主德国和联邦德国，其中联邦德国的财政改革较为突出，对税制进行了多次修改和完善。联邦德国于 1950 年、1953 年先后降低个人所得税和公司所得税的税率，这一系列的税制改革，为联邦德国经济的顺利发展创造了条件，同时也为其实行以直接税为主的税制体系奠定了基础。1968 年，联邦德国从法国引进了增值税，取代了之前的周转税。

20 世纪 90 年代，联邦德国和民主德国统一后，政府对前民主德国地区的税制进行了大规模的改造：（1）取消了原有的按部门和产品品种等划分的工业征税制度，代之以统一的增值税；（2）建立各州财政自治，划分自由税收来源；（3）在对各种收入平等征税的基础上改革所得税。经过上述改革，德国税制重新走向了统一，并确立了德国现行的税制结构体系。

德国是联邦制国家，《基本法》作为德国的宪法，把国家分为联邦、州和地方三级，并规定了各自独立的管理权限。州政府以下的市、县、乡、镇，在法律上是州的组成部分，统称“地方”。地方各级政权也依法享有独立管理自己事务的权限。德国共有州级政府 16 个，地方政府约有 3000 个。德国州级政府的自治程度较高，联邦政府不能给州下达指令，而是通过议会中的协调委员会协调，各州都很注意其自治权不受限制。同时，联邦也不能越级直接向第三级地方政府施加影响，因为州政府对地方政府具有管辖权。作为规范政府间财政关系的前提，德国通过宪法对三级政府间的支出责任进行了划分。《基本法》规定：“为了普遍的利益必须统一进行处理的事务”由联邦政府负责，其他的事务原则上由各州和地方政府负责，同时根据任务的性质和特点，确定一些任务由两级以上政府共同承担。

德国各级政府间具体事权划分情况如表 7 – 2 所示。

表 7 – 2　德国各级政府间具体事权划分情况

联邦政府	国防、外交、社会保障、造币和货币管理、海关和边防、联邦交通和邮电、铁路和航空、水运、高速公路和远程公路、重大科研计划、资助基础研究和开发研究、跨地区资源开发、国有企业的支出和农业政策以及联邦一级的行政事务、财政管理等
州政府	州一级的行政事务和财政管理、教育（如中小学教育和高等教育）、警察、文化事业、医疗卫生、健康与体育事业、社会救济、住房、治安和司法管理、环境保护、科学研究（联邦参加高校和跨地区的研究开发工作）、州内公路、地区经济结构和农业结构的改善、海岸保护等。此外，按照高效率低成本原则，经立法机构批准后，联邦公路建设、航运、能源开发与利用等方面的职责也可交由州政府行使
地方政府	当地的行政事务管理、基础设施建设、社会救济、地方性治安保护、公共交通和乡镇公路建设以及城市发展建设规划、当地城镇煤水电等公用事业、公共福利、文化设施、能源的供给、垃圾和污水处理、普通文化教育事业、成人继续教育及卫生、社会援助、社区服务等。此外，地方政府还接受联邦和州的委托，承担诸如选举、人口普查等任务

7.3.2 德国现行税收体制

德国作为联邦制国家，中央与地方政府实行分税制，是一种共享税和专项税相结合，以共享税为主的分税制。德国把全部税收划分为共享税和专项税两大类。共享税为联邦、州和地方三级政府或者其中两级政府共同享有，并按规定的比例在各级政府之间分成；专项税则划分归联邦、州或者地方政府所有，作为本级政府的固定收入。德国税收体制的主要特点表现为：

第一，税权相对集中。在税收立法上，联邦享有高度集中的税收立法权，大约有95%的联邦税收法律是由联邦议会立法制定，其中宪法（《基本法》）和税收基本法等确立税收法律制度的主要法律条文或法律由联邦议会立法，专属联邦收入的税种，如关税、保险税、特种消费税（矿物油品、烟草、咖啡、茶、糖、盐、酒等税）的税法由联邦议会立法；联邦与地方共享的税种如个人所得税、增值税等税法也由联邦负责立法。仅有约5%的税收法律由州或市议会立法，其中由州立法的税种包括：遗产税、自动车辆税、不动产转让税、啤酒税、博彩税和防火税等，其余的一些小税种则是由市议会立法。同时，法律还规定联邦立法的法律效力高于州及州以下所立法的法律效力，州及州以下的税收立法不得超越联邦立法精神。当联邦与州的税法发生矛盾时，由联邦做出最终裁决，州和地方不得越权。德国法律还规定，联邦已开征的税种，地方不能再开征。这与同样实行联邦制的美国和加拿大等国明显不同，也表明德国的税收立法权、开征权等基本由联邦政府控制。

第二，各税种的征收权划分明确。德国各级财政的主要收入来源是共享税，包括个人所得税、工薪税、营业税、公司所得税和增值税等。这些税种要按规定的比例在各级政府之间进行分成。除增值税外，其他共享税的分配比例一经确定相对固定不变，增值税的分配比例根据联邦和州的收支情况变化，每两年磋商一次。其他小税种在联邦、州和地方政府之间明确划分。属于联邦税的有消费税、公路税、关税、资本流转税、交易所营业税、保险税、兑换税和增值税附加。各州的专项税主要包括财产税、遗产税、地产购置税和机动车税。地方政府的专享税主要有企业资本和收益税、娱乐税、土地税等。

第三，税收征管机构设置合理。德国采取"一套机构，两个系统"的税收征管机构模式。从总体上看，德国的税收征管由各州的财政总局负责，总局内分设联邦管理局和州管理局两个系统。联邦管理局作为联邦政府的代理人，负责管理联邦所有的税收，其税务机构的设置和官员的任命也都由联邦规定；州管理局则负责州税的征管工作。各州财政总局的局长由联邦政府与州政府协商任命，局长既是联邦政府的官员，又是州政府的官员，其工资由两级政府各支付一半。地方税务局作为各州政府的派出机构，只征收地方税，并向地方政府负责。这种征管机构的设置可以加强各级政府之间的业务协调，提高办事效率，同时还避免了政府机构过于臃肿。

第四，纵向平衡与横向平衡相结合。对于因实行分税体制而出现的政府间财力不均衡问题，德国通过其独特的财政平衡机制，即政府间转移支付制度进行协调。德国的财政平衡分为联邦与州之间的纵向平衡和州与州之间的横向平衡。联邦政府运用财政平衡机制，通过这两个层次的分配来实现各州财力基本平衡的目标。

联邦与州之间的纵向平衡主要通过以下几种方式来实现：（1）利用共享税（主要是增值税）的调节功能，对财力较弱的州进行补贴。（2）联邦补充拨款，也称联邦补贴，是联邦政府的一种直接的无条件拨款，它不规定资金具体用途，是对共享税调节平衡的一种补充。联邦补充拨款主要用于补贴财力较弱的州，以平衡其财力需求和其他特殊困难。（3）专项拨款，其主要集中在四个领域：一是联邦与州共同承担的任务，如大学修建、产业结构和农业结构调整、海岸线保护等；二是教育发展规划与科研创新；三是跨州的公共交通设施建设；四是地方的大型基础设施建设。（4）州对所属地方政府的财政转移支付制度并没有统一规定，各州的做法存在着较大差别。归纳起来主要有两种方式：一是州对地方财政的一般均衡性拨款。这类拨款不限定具体用途，一般占到州对地方财政转移支付总额的70%。二是州对地方的专项拨款。根据地方财力状况，各州对地方的特殊需要给予专项拨款，如公路、环保等方面，其数额一般占到州对地方转移支付总额的30%。

通过纵向平衡，下级政府从上级政府获得了数量不菲的转移支付，尤其是地方政府获得的转移支付占其总收入的比重达到了三分之一以上（见表7－3）。

表7－3　　德国州政府及地方政府转移支付收入占总收入的比例　　单位：%

财政年度	州政府	地方政府
2010	17.22	35.02
2011	16.84	34.76
2012	15.28	34.04
2013	15.17	35.63
2014	14.90	36.32

资料来源：http：//www.oecd.org/ctp/federalism/fiscal-decentralisation-database.htm#C_6table17.

政府间横向财政平衡体系属于德国联邦制的创举，进而具有显赫的世界性声誉。以此德国成为唯一一个通过联邦政府与“富州”共同出资以资助“穷州”，从而改善各个州之间财政不对等的联邦制国家。通过各州财力指数与平衡指数的对比，来确定某州是接受转移支付的州还是贡献转移支付的州，以及各州之间财政转移支付的资金流向和数量规模。经过比较，对于州财政能力低于平均财政能力95%的州进行第二次转移支付，保证经过第二次转移支付后，每一个州的财政能力（包括接受转移支付以后的财力）至少要达到全国所有州平均财政能力的95%。而转移支付的资金，来源于经过上述测算财政能力超过标准财力的州，按照《联邦财政平衡法》规定的比例所贡献出来的财力。

7.3.3　德国现行税收体制的评价

德国的《基本法》在财税方面的法律规定和《联邦财政平衡法》是德国在财税方面最重要的法律规定。它们界定了德国三级政府的事权，划清了三级政府的财政支出范围和相应的税权，建立了完备的转移支付体系，并对操作机制和方法都做了明确规定，使各级政府在财税工作方面都有法可依，协调顺畅。由于立法管理是财政管理的最高权限，联邦在立法管理上的优先权使德国联邦政府（与其他联邦国家相比）处于更有利的地位。

从德国财税制度的实践效果来看，形式灵活、覆盖深广、突出重点、兼顾一般的转移支付制度，更是成为其财税体制架构中极为重要和不可缺少的组成部分，发挥了平衡财力水平、缩小地区差距、促进公共服务均等化的积极作用，也为国家对市场机制的调节和干预提供了制度化工具。《德国财政平衡法》明确了联邦与州以及州与州之间的财力和税收分配、各州之间财政平衡的实施与结算等几项制度的主要内容，这就使德国的财政制度、财税体制及转移支付制度设计更加规范、法制、透明和公平。

7.4　英国的税收体制

7.4.1　英国税收体制的历史演变

英国税制经历了比较漫长的发展历程。英国的税制最早起源于王室对于王室财产收入以外的临时性征收。这种临时性的征收主要是国王为了应付临时的非正常支出而对全国臣民进行征税，比如战争。1842 年，英国开创了现代所得税的基本形式，经过不断地修订完善并沿用至今。所得税的设立是英国现代税制的起点。1914 年第一次世界大战爆发后，英国为筹集战争经费，开始对公司征收特别税，但在“一战”结束后的 1924 年取消。1965 年英国工党政府制定新的财政法，进行税制改革，正式对公司征收所得税。

第二次世界大战以后，英国逐步建立起了国民健康服务体系，社会保障逐步制度化，为适应社会保障体制的变化，英国政府开征了专门的国民保险税为国民健康、退休和其他福利等提供保障。

1973 年英国加入欧洲经济共同体，对税制进行了重大改革，主要内容包括：完善所得税制，将两种所得税即基本所得税和附加所得税进行合并，实行统一的所得税制，并统一使用累进税率；引进了增值税，取代原来的购买税；降低了关税税率，在与欧洲经济共同体国家的贸易中，关税税率降低了 20%。

2006 年英国为促进经济发展，维持宏观经济稳定性，提供优质的公共服务，进行了以下几方面的改革：调整个人所得税累进级次各等级应纳税所得额的上下限，提高免除额，尤其是对老年人适用的免除额调整幅度较大，此外，还增加了工资薪金所得的税前扣除额；公司所得税方面修改了小规模纳税人的优惠税率；遗产税方面，提高了遗产税的起征点。

7.4.2 英国现行税收体制

英国政府实行的是中央集权制。英国中央政府负责的事务主要包括：国防安全、外交、高等教育、社会保障、医疗卫生体系建设以及对地方政府的补助支出。地方政府的任务主要包括：提供幼儿及中小学教育、维护地方治安、消防、道路维护维修、灾害预防、地区规划、成年人与婴幼儿的护理服务，以及地方的公共基础设施建设等。

与英国的政府体制相适应，英国中央政府掌握大部分税收收入，英国税收收入分为国税和地方税。中央政府掌握国税，可以占到全国税收收入的 90% 以上，是中央财政的主要来源（见表 7－4）。地方税由地方政府负责，占全国税收收入的比重一般不足 10%，是地方财政的重要来源，但却不是主要来源，地方财政主要收入来源是中央对地方政府的财政补助。

表 7－4　英国近年来中央及地方政府的税收收入占总税收收入的比例

单位：%

财政年度	中央政府	地方政府
2010	94.90	5.10
2011	95.13	4.87
2012	95.11	4.89

续表

财政年度	中央政府	地方政府
2013	95.08	4.92
2014	95.10	4.90

资料来源：http：//www. oecd. org/ctp/federalism/fiscal-decentralisation-database. htm#C_6table 9.

与税收收入划分相适应，英国的税收权限也高度集中于中央，全国的税收立法权由中央掌握。税法的任何变动和修改，都要经过严格的程序。一般情况下，先由国内收入局（亦称直接税局）、海关和国内消费税专家委员会（亦称间接税局）根据经济发展情况和税收征管业务中出现的问题，提出税收提案，在征求纳税人（特别是大企业纳税人）和税务中介机构的意见后，形成提案报财政部审定。财政部结合国际国内经济形势和政府预算情况，向国会提出次年的税收政策，经批准后作为财政法议案，提交国会审议，表决通过后由女王签署颁布。① 英国地方政府有地方税的征收权，并且相应的收入归地方所有，但地方税种的开征、税率的提高和征税范围的扩大等，必须由中央政府决定并通过相应的立法程序进行。英国的税法主要是由成文法和个案法两部分构成，成文法每年根据财政大臣提交预算法案，然后由财政法令予以补充，以增强其适用性和有效性；个案法是在法院判决税收案件的过程中逐渐形成的，是税法的重要组成部分。

中央政府的课税主要有三类：一类是针对所得的课税，包括个人所得税、公司所得税、石油收益税和国民保险税；另一类是针对商品和劳务的课税，包括增值税、消费税和关税等；还有一类是针对资本的课税，包括资本收益税和资本转移税。地方税主要是财产税，包括家庭财产税和工商财产税。设置地方税的目的主要在于满足地方政府调节地方经济的需要。

英国的税收分别由中央和地方税务机构分别管辖。其中，中央税务机构隶属财政部，分成直接税和间接税两大征收系统。直接税的最高征管机构是国内收入局委员会，间接税的最高征管机构是关税和国内消费税专家委员会，主要负责中央政府所有的间接税征收。其他诸如车辆税、国民保险税、财产税等由地方税务机构和其他非税收职能部门征收。

由于英国税收征收权主要归于中央，地方只占很少一部分，因此造成地方预算支出缺口较大，要靠中央预算补助或税收返还来填补。鉴于中央

① 王智烜：《英国税收征管经验及启示》，载《国际税收》2014年第12期，第60~62页。

财政集权度较高、地方对中央预算补助依赖性较大的情况，英国政府试图通过改革加以改变。1997 年，新工党政府上台后，开始分权化改革：权力下放，推动地方民主、自治，建立地方战略合作伙伴关系，鼓励地方政府间的合作，让地方政府负责本地区的公共服务；改变中央政府管理地方政府的方式，从保守党时期的行政命令、强制推行中央政策，变成了以绩效考评为主的地方治理模式，中央政府通过“最优价值绩效评估”体系评估地方政府的工作绩效，进而在财政上进行奖惩。尽管如此，由于财税体制未做大的调整，也就没有从根本上改变地方税收入占比低、地方对中央预算补助依赖性大的状况。根据英国财政部《公共支出统计分析 2015》报告显示，在 2009 ~2015 年七个财年间，中央对地方的各种补贴和税收返还约占地方经常性支出的 73% ~78% 。

7.4.3 英国现行税收体制的评价

综合考察，英国的税收体制具有以下特色和优点：

税收法制较为完善。英国的主要税种都由法律做出规定，议会确定税收的基本原则，法院负责法典的解释并规定税制的大部分细节。国内税务局和关税及消费税征收管理局通过发表各种相关说明和通知文件来解释具体的实施办法。税收的立法和执法主体分立，职责明确。英国的税法体系完备，成文法主要解决普遍性和原则性的税收问题，而个案法用于解决具有特殊性的税收问题。

财政税收实行统一管理。在英国，财政政策是非常重要的政府宏观调控政策，税收只是其中收入政策或者收入计划的一部分，处于从属的地位。英国的国内收入局和关税及消费税管理局都由财政部统一管理，这样有助于加强财政收入预算的权威性，同时降低税收征缴成本。而且，中央政府以结果或绩效为导向，对地方政府设定相应的绩效指标，规定地方政府事权与公共服务的范围和最低标准，通过财政手段加以奖励或惩戒，加强了中央政府对于地方的掌控力度。其中心思想在于，中央政府不管地方具体支出用在哪里、钱怎么花，但最终的地方治理结果必须达到中央对地方的规定标准。

税收征管效率较高。英国税务机构在职能设置上充分体现了精简的特征，税务机构最主要的职能是税款征收和税务检查，而其他一些工作则通过社会分工，由其他部门或企业代为实施。主要表现为：一是税收立法通过国家议会或地方议会制定，税务机构仅制定一些操作细则；二是对各个企业和个人的财务状况，可以由银行来提供信息；三是对一些顽固的欠税人，由法院强制执行或实施制裁。成熟的社会分工系统大幅降低了税务部门的人力和成本，使税务机构可以更集中精力进行税款征收和税务检查工作，提高了征税工作效率。

7.5　法国的税收体制

7.5.1　法国财政体制现状

法国政府实行四级管理体制，分为中央、大区、省、市镇四级。法国是传统的中央集权国家，中央与地方政府的关系也以中央集权为主要特征，地方权力有限。中央政府掌管内政、外交、军事、经济、文化等诸多方面的事务，主要负责宏观管理和战略发展规划。大区政府的主要职责包括区域内经济发展、部分基础设施建设、部分中等教育、职业培训以及卫生健康服务。省级政府的职责主要包括社会事务、中学教育、道路建设和维护等。市镇政府的主要职责包括当地经济计划方案、小学教育、发放建筑许可证、废物处理和福利事业等。

法国政府的事权划分主要有以下几个特点：(1) 事权依法划分。法国中央政府与地方政府的事权范围都有相关法律法规支持，政府的分权改革依靠法律的推动，为其实施提供了法律保障。(2) 事权划分明确。无论中央还是地方政府的权限，法国都坚持“权限整体转移原则”，尽可能地将某一权限整体划分给相应政府，而不存在多级政府同时享有同一权限，如此就避免了因权限划分不清而造成的责任主体之间的争权或者推诿现象，从而保证了各级政府的有效管理。(3) 地方政府事权侧重于企业发展和地区经济活动，以及提供基础的公共产品和公共服务。

7.5.2　法国现行税收体制

法国分税制根据其四级行政划分体制，分为中央、大区、省、市镇四级管理。中央与地方实行彻底的分税制，税收收入较大且征收较为稳定的税种由中央所得，而剩余的税源较小的小税种则归地方所有，税源划分清楚明确，没有共享税种。中央政府税收收入在全部税收收入中所占比例接近90%（见表7－5）。

表7－5 法国近年来中央及地方政府的税收收入占总税收收入的比例

单位：%

财政年度	中央政府	地方政府
2010	89.25	10.75
2011	86.88	13.12
2012	86.84	13.16
2013	87.13	12.87
2014	86.90	13.10

资料来源：http：//www.oecd.org/ctp/federalism/fiscal-decentralisation-database.htm#C_6table9.

法国议会掌握国家税收立法权，中央对国家各级税种的征收管理作出统一规定，国家财政部门据此再作出具体实施细则和方案。地方政府在议会规定的一定范围内享有本地区部分税收税率的决定权、征管权及税收减免权。可见，法国在对待税收相关权力上，中央掌控着绝对的支配权。

不同于美国分税制下三级政府在个人所得税、公司所得税、销售税等主要税种上的税率分享征收形式，法国中央与地方政府之间实行彻底的分税制，税源划分明确。如果说美国的分税制是既分散又统一的特点，那么法国的分税制则是集权式统一，体现了中央政府对地方政府加以限制的单一制政权体制特色。

在法国，无论是税收征管还是人员调度，或是税收收入分配使用，都由中央税务机关自行负责，不受外来干涉。地方没有专设税收管理部门，所有税收的征收管理都由中央税务机关统一实施，然后按税种分配给地方。[①] 归中央政府的税种有个人所得税、公司所得税、增值税、消费税、印花税、交易税、遗产税和关税等；归地方政府的税种有房地产税、专利税、财产转移税、娱乐税、电力税等。

为弥补地方政府收入不足，中央政府对地方政府进行转移支付。法国

① 陈鹏：《美国与法国地方财政体制对比及对我国的启示》，载《沈阳大学学报》2010年第2期，第46～50页。

中央政府对地方政府的转移支付分为三种方式：一是一般性补助，主要用于平衡地方预算，由人口数量、公用设施以及贫富差距等因素决定，是目前法国转移支付的最主要形式。二是专项补助，即对地方兴修的专项工程（例如市镇修建学校）给予的补助。该项补助来源主要是中央针对地方兴修的公共设施或福利工程退还所征收的增值税，而极小部分是中央对地方建筑所需材料等物资的拨款。该项补助极大地弥补了地方对公共事业资金投入的不足，从而提高了地方修建公共设施和福利工程的积极性。三是税收补助，即通过减免地方某些税收而实现的补助，实际上是中央财政代替纳税人支付某些地方税，从而在减轻地方居民税负压力的同时保障地方政府运行的正常财政收入和开支。

法国税务总局隶属于经济财政工业部，负责税率计算、税收标准的制定、征税、查税等工作。但是关税由全国海关及间接税总署负责，公司税与间接税则由公共会计司负责。与法国四级政府对应，法国税务总局下设四级机构，分别负责全国、大区、省和市镇一级的税务工作。法国税务系统的大区、省级税务负责官员全部由经济财政工业部任命与管理，税务部门由国家统一指挥，地方无权过问，因此具有很浓的中央集权色彩。税务部门有权对公司和个人查账，有权要求被查者出示所有财会账目、银行账目，有权要求被查者对细节进行说明。税务部门还有要求各行政部门、企业提供相关资料与情报的权力，这被称为税务部门的“信息权”。在查税、税务核对之后，税务部门有权对纳税人罚款，处罚力度是在法律规章的规范以内，由税务部门根据个案的情况来决定的，税务部门拥有一定的自由度。综合来看，法国税务部门拥有很大的税务行动权力，它可以得到各级行政部门及司法部门的协助。

7.5.3 法国税收体制的评价

法国的税收体制增强了中央集权，突出了中央对地方的控制。法国作为中央集权国家，不可避免地将大宗、税源稳定的税种纳入中央的征收范围，而将一些小型、税源变化大的税种分配给地方，造成中央与地方税收收入差距甚大。1980～2000 年，80% 左右的税收收入都掌握在中央政府手中，2000 年之后，中央税收收入所占比重虽然有所下降，但是也基本上维持在 70% 左右，足见中央政府对税收的绝对支配权与控制权，进而可以从税权上对地方实行严格的控制。中央政府积聚了极大部分财力，从而保证了中央政府的主导权和调控能力。

7.6 俄罗斯的税收体制

7.6.1 俄罗斯税收体制的历史演变

苏联时期，由于固守传统的计划经济理念，完全否定了社会主义经济也可以是市场经济的思想，加上大多数企业的所有制性质都属于国家或集体所有，国营或集体企业对国家财政的缴款，主要采用的是利润上缴和周转税的方式，而周转税本质上是企业创造的纯收入，与利润上缴没有实质性的区别，因此在长达70多年的时间里，税收的调节功能和作用被忽视、淡化。由此给税收制度带来的主要问题是：首先，税种数量很少，主要是周转税、集体经济所得税、居民所得税、关税；其次，税收在国家财政中的地位较低，其经济调节功能和社会协调功能非常微弱；最后，税种和税收征管方面的内容由苏维埃联盟中央政府来确定，大部分税收也由中央政府统一征收，税收征管方面的规划和管理工作全部由财政部全权负责，各加盟共和国及地方政府的税收权限极小，能够自主支配和使用的税收收入很少，由此带来的是税收管理上的惰性和税收体制的僵化。

俄罗斯税制的改革，发端于从计划经济财政收入结构向市场经济税收结构的转型。俄罗斯联邦在正式独立前于1991年通过了《关于俄罗斯联邦税收体系的原则》，该原则成为俄罗斯联邦独立后税收领域的主要法律依据，它规定了税收体制的原则、结构以及纳税人和税收机关的权利和义务。一些重要的措施包括：（1）将周转税改为增值税和消费税；（2）把利润上缴改为利润税（所得税）；（3）把过去苏联实行的居民所得税改为自然人所得税，按累进税率征收；（4）开征新的税种，如财产税、不动产税、物价调节税、木材费等。通过这些改革措施使得俄罗斯具备了市场经济税制的雏形。

1994年以来，俄罗斯在税收体制上进入了对中央和地方关系进行实质性改革的时期，主要方向是实行分税制。这一时期，中央和地方政府在承担的职能和税收权限划分上取得了进展，比如，将重要的税收立法权依然划归中央掌握，但也赋予地方一部分法律规定的权力，包括个别地方税的立法权、税收优惠和税率制定权等。

7.6.2　俄罗斯现行税收体制

俄罗斯实行多级税收立法体制，即中央享有立法权，地方同时也享有个别税种及其税率的立法权。俄联邦税法典规定，地区和地方立法机构只对本级税收享有一定权力，包括税收优惠、税率、纳税程序和期限等。除此之外，征税的其他条件和条款均由俄联邦税法典规定。俄联邦所规定的税制包括联邦税、联邦主体税（地区税）和地方税。联邦税是由俄联邦税法典直接规定的，在俄联邦境内普遍实行的税，但是这并不意味着联邦税的税收统归联邦预算。地区税是由联邦的立法权力机构以专门法律规定的，并在相应地区普遍实行的税。地方税是由地方立法权力机构以法规的形式加以规定的，并在其管辖地域内普遍实行的税。

俄罗斯国家税务总局是联邦政府主管税收工作的职能部门，是监督税法执行、监督税收缴纳的国家税务机关系统。国家税务总局在各联邦主体设立国家税务局，在各个城市和区，包括各城市的市区设立其分支机构——税务检查局，即俄罗斯国家税务总局系统实行的是三级管理体制：联邦国家税务总局、联邦主体国家税务局、地方国家税务检查局。整个系统在业务上实行垂直集中领导的管理模式，独立于地区和地方政权机关，不接受地方政府的直接领导。地区和地方政权机关无权作出改变或撤销税务机关的决定，无权向税务机关发出业务指令。下级税务机关的经费也由上级税务机关下拨，地方财政不负责拨付。

俄罗斯还设有税务警察机关，它是联邦专门的护法机关，也是联邦经济安全保障力量的组成部分。俄罗斯税务警察机关由三级机构组成：第一级为联邦税务警察总局；第二级为各联邦主体税务警察局；第三级为地方税务警察分局。[①] 税务警察机关有两个主要职能：一是护法职能；二是监督职能。其主要任务有三项：第一，揭露、防止和制止税收犯罪和税收违法行为；第二，保证国家税务机关活动安全，保护税务机关工作人员执行公务时免遭蓄意伤害；第三，防止、揭露和制止税务机关的舞弊行为。

---

① 郭连成：《俄罗斯税收征管体制及其特点》，载《东欧中亚市场研究》2000 年第 1 期，第 11 ~ 18 页。

7.6.3 俄罗斯税收体制的评价

俄罗斯税收体制的显著特点是特别重视和注意发挥税收管理机关的作用，伴随着税制的持续改革采取了几项重要的改进措施：一是扩大税务机关的权限与义务，为他们提供实施税收监督的可靠法律保证，旨在充分发挥各级税务机关的作用，使他们充分行使对税收的监督管理权。二是为了约束并且规范税收机关的行为，使他们更好地履行税收执法义务，克服官僚主义工作作风，俄罗斯税收法典也为税务机关规定了明确的义务和责任，尤其强调税务机关要遵纪守法，对不适当的执法行为和错误决定要承担相应的法律责任。这些规定，对规范税务机关及其公职人员的行为，保证正确执法，无疑具有十分重要的意义。三是为打击税收犯罪和违法行为，保证税务机关的执法安全。俄罗斯专门成立了自上而下自成体系并相对独立的税收护法机构——税务警察机关，并赋予其很大的执法权限。这对于强化税务稽查和维护法制，确实起到了积极作用。俄罗斯税务警察机关在其成立之后不长的时间内，查处了大量的税收违法和犯罪案件，为国家挽回了巨额损失，取得了明显的成效。

7.7 印度的税收体制

7.7.1 印度税收体制的历史演变

印度 1757 年沦为英国的殖民地，英国统治印度长达将近两百年，因此印度税收制度的建立和发展很大程度上受到了英国税制的影响。1886 年，印度从英国引进所得税制，并由此开始建立现代税收制度。1947 年印度独立之后，1950 年宪法对联邦政府及邦政府的事权和财权进行了明确的划分，之后于 1953 年开征了遗产税，1958 年开征了赠与税。印度独立之后，为了保护脆弱的民族工业，严格限制进口，设置了极高的关税税率，此举虽然保护了相关产业的发展，但也使得印度的国际贸易大受影响。而且，联邦与各邦的事权、财权划分不匹配，联邦政府控制财政收入最主要部分，而邦政府财政必须依靠联邦政府的税收转移、赠款援助及必要贷款，才能够有足够的资金来履行职责，同时不可避免地产生了大量的赤字。各邦政府在财权上受到的限制，使得中央与地方政府的财政关系矛盾激化。为了解决原有税收制度存在的问题，自 20 世纪 90 年代之后，印度开始进行改革。通过改革提高了各邦在所得税及货物税中的份额，增强各邦政府的财力，因此对于缓解中央和地方之间的矛盾、解决邦政府存在的赤字问题起到了一定的作用。

印度原有的税制下，各邦之间征收的销售税存在差异，对国内商品流通造成很大阻碍，税收征管混乱严重影响了经济发展。为了改变这种局面，1986 年印度开始实行一种简化的增值税，由于当时征收管理能力的限制，增值税进项税额抵扣仅限于制造环节。1994 年将简化版增值税扩展到对资本品征收，1995 年又将征收范围扩大到制造业、第一产业和一些服务部门，并对绝大部分营业税进行改革。从 2005 年开始各邦统一征收增值税，课税对象为生产和流通各环节产生的增值额。这是独立以来印度税收制度最大一次改革。此次改革简化了税收体系，消除了各邦之间的税收差异，推动了印度的商品流通和经济发展。

印度是世界上最大的发展中国家之一，实行联邦制。联邦政府以下设邦、中央直辖区和首都辖区，邦以下设专区、县、区和村四级单位，而中央直辖区以下则只设县、区和村（评议会）三级单位。印度宪法对联邦与各邦之间的立法权、行政权和财政权做了明确的划分，各邦虽享有一定的自治权，但宪法赋予各邦的权力是有限的，权力重心仍在联邦政府。

根据印度宪法规定，联邦政府的职责主要包含以下事务：国防安全、外交事务、铁路和国家公路、邮电、联邦财产及收益、联邦公益服务等。邦政府的主要职责包括以下事务：维护公共秩序、供水供电等基础设施、公共保健与卫生、地方交通、邦一级的公益服务等。联邦与邦共同负责的事项包括经济与社会规划、教育、慈善事业、宗教事务等。此外，宪法还规定联邦政府和邦政府共享的事务，联邦政府拥有优先立法权。

7.7.2　印度现行税收体制

印度作为一个联邦制国家，其税收立法权归联邦议会，联邦议会的人民院和联邦院共同行使立法权，人民院拥有提出并通过税收法案的权利，联邦院对此只能进行一般性讨论而没有表决权。

印度在税收体制上实行的是分税制。联邦和邦政府有着各自的税种以及一些共享税种，宪法规定专由联邦征收的税种有：个人所得税、公司所得税、关税、遗产和赠与税、印花税和联邦消费税等。各邦征收的税种有：农业所得税、矿业税、增值税、娱乐税等。联邦政府相较邦政府而言，拥有更多的收入来源，而邦政府的收入难以完全承担起其所负担的事务。为保障邦政府能够较好地履行职责，联邦政府通过多种形式对邦政府进行补助和转移支付。在税收方面，公司所得税、关税、财富税、联邦消费税等税种，由联邦政府进行征收，但是按照一定比例划分给各邦。印度财政部统计资料《印度公共财政统计（*Indian Public Finance Statistics*）》显示，2012 年，联邦政府税收收入的 24% 转移给了各邦政府，2013 年税收转移的比例为 23%，税收转移之后，2012 年邦政府的税收收入占全国税收收入的 43%，2013 年这一比例为 42%。印度政府通过税收转移这一手段，使得邦政府的财力能够支撑其履行职责。

与其分税制相适应，印度的税务机构也是中央和地方各自分设，分别管辖中央和地方各税。印度的财政部主管一切财政事务，该部设有 3 个司：经济事务司、岁入司和岁出司。岁入司主管联邦一切直接税和间接税有关事宜，而中央的直接税收入和间接税收入则分别由财政部设立的中央直接税管理委员会和中央消费税管理委员会掌管，并且这两个委员会都在各地按照税源分布情况划定征管区，设立派出机构。地方各税的管理机构由各邦分别按税种设置，最主要的地方税为增值税，各邦均设有增值税征收机构，大部分邦也设有专门征收土地税的机构，其他小税种多由上述两机构兼管。

为了防止偷税漏税，印度有一套详细的税收管理制度。印度强制执行个人永久税务账号制度，纳税人必须向税务机关申请一个个人永久账号，以便税务机构监视其个人财务往来，并且印度税务机构和银行、证券交易所等机构联网，税务人员有权查看账目，防止纳税人隐瞒应纳税所得。印度税法中还建立了离境清税制度，对每个离开印度而又没有返回意图的纳税人，必须核定缴纳税额之后才能离境。

7.7.3 印度税收体制的评价

印度实行联邦制政体，与此相适应，税收体制实行的是适当分权的模式，其主要特征是税收立法权集中于中央政府即联邦政府，但是联邦政府和地方政府即各邦都有各自征收的税种及税收收入，税务机构是中央和地方各自分设，分别管辖中央和地方各税，地方政府的财力缺口由联邦政府的税收转移给予弥补。

20世纪90年代以来，印度税制在不断改进，但是还存在着一些突出问题：政府税收收入严重不足，税收收入占GDP的比重远低于发达国家，也低于世界平均水平，政府赤字问题严重；税制结构不平衡，税收收入主要依靠间接税，加大了低收入阶层的税收负担；直接税比重过低，对于高收入者和富人具有政策的偏向性，违背了税收的社会公平原则。

7.8 世界各国税收体制的共同经验

不同模式的税收体制有着不同的特点和作用，同时也是由于不同的政治经济条件产生的。一般而言，影响税收体制的因素主要包括以下几点：国家政权结构、经济发展均衡程度和财政管理体制。

尽管世界各国的税收体制模式各不相同，但是从前文的分析中可以看到，一些国家，尤其是发达国家税收体制中存在某些可以总结凝练的共同经验，可以概括为：

第一，发达国家大都实行的是分税制税收体制，以税种划分为基础，确定各级政府的征税权。但是这种分税制并不是绝对的，不存在一级政府只能以本级税收收入安排本级财政支出的情况。分税制不等于国家财力的彻底分割，它只是国家全部税收收入的初始分配，各国基本都存在着不同形式的纵向或者横向财政平衡机制。

第二，税权相对集中，事权相对分散。无论国体政体如何，各国的税权一般都相对倾向于集中在中央，其主要表现是重要的税收立法权以及大宗税收收入归中央，由中央支配，地方给予适当的税权和税收收入。强调中央税权的主体地位，可以增强中央政府权威，加强中央对地方政府的影响和掌控，保证中央政府政策的执行和政令畅通。而赋予地方政府较多的事权，可以发挥地方政府的主动性，并且更好地承担起各项政务责任。

第三，税权划分法制化。从世界各国的实践情况来看，虽然税权划分中包含了诸多内容而且税权划分的层次和结构比较复杂，但是在具体的实行和实践中，多数国家，尤其是发达国家都是可以做到有法可依、有章可循的。税权的明晰划分，减少了税权不明造成的行政成本，也保证了各级政府税权的有效实行。

第四，中央政府和财政通过多种方式对地方政府和财政实行财力补助。为了使地方政府能够有足够的财力来履行职责，大部分国家实行中央对地方的纵向财政补助，各种形式的补助金成为中央对地方进行经济控制的基本手段，通过政府间财政转移支付，可以尽量减少和缩小各地之间的公共服务的差异，促进各地均衡发展和基本公共服务均等化的实现。

7.9 世界各国税收体制的借鉴意义

税权的划分是税收体制的重点，世界各国由于政治体制不同且税制结构各异，税权划分和税收体制的差距也较大，这表明税权划分和税收体制模式选择要从各国的实际国情出发，不可盲目照抄照搬，但是一些国家的经验和做法，又是值得我国参考和借鉴的。

7.9.1 中央税权的主导性与适度赋予地方税权相结合

虽然各国的税权划分模式存在较大的差异，但是都不同程度地给予地方政府一些税权。即使是日本、法国这种集权色彩较为浓厚的国家，地方也享有一定的税收立法权，至于美国这种联邦制国家，地方的税收立法权限就更大了。但是无论强调税权集中，还是强调税权分散，各国都将中央税权置于地方税权之上，使地方税权受到中央税权的制衡，确保中央政府的宏观调控能力。

7.9.2 税权划分的规范性和科学性相结合

发达国家严密、健全的法律体系是保证税权顺利划分的基础。如德国，在税权划分方面通过立法的形式规定了从联邦到州和地方各级政府的税收权限，避免了税权划分过程中的随意性。同时，各国税权划分的形式和结构也不是一成不变的，而是根据一定的条件进行调整，使得税权划分的法制化和弹性化有机地结合起来。税权划分的科学合理性必须体现在以下两方面：一是税权划分要兼顾中央和地方政府的事权与财力需求。政府分权的重要方面是财政分权，政府提供公共产品和服务的过程也就是财政承担支出责任的过程，只有中央与地方政府之间合理划分税权，才能保证各级政府提供公共产品和服务的可行性和持续性，行使好各自应该承担的职责与事权。因此，无论采取哪种模式，都必须充分考虑各级政府的事权及财政能力。二是税权划分要注重调动地方政府的积极性。让地方政府拥有一定的财力自主权，既有利于强化中央政府的宏观调控能力，又有利于分清政府之间的财力分配，使得各级政府各司其职，发挥资源配置的最佳效率。通过考察可以发现，注重发挥地方政府的积极性，赋予地方一定的税权，成为多数国家的共识和普遍做法。

7.9.3　实行严格的税务稽查制度

对纳税人的纳税行为进行纳税稽查，是保证纳税人遵从税法的一种有效手段，其主要目的在于对纳税人起到威慑作用，而非查补收入。随着计算机在税收征管领域的普遍应用和纳税人申报制度的建立，世界发达国家的税收征管重点逐渐向税务稽查转移。以美国为例，联邦税务系统中税务稽查是其中一个非常重要的部门，其稽查的选案主要是通过计算机网络进行，对纳税人的有关资料进行分析，按照设定的异常指标，将发现存在异常情况的纳税人列为稽查对象，这些有针对性的稽查节约了大量行政资源。对于纳税稽查中发现的偷税漏税行为进行严厉惩处，并对情节严重者追究刑事责任。而在纳税稽查方面，地方政府和税务部门具有能够较好地发挥管理和信息方面的优势。

7.9.4　日益专业化的纳税服务

随着经济社会的发展，世界各国的税收征管理念发生了巨大的变化，许多发达国家税收征管从“监督打击”型转变为“管理服务”型。为纳税人提供专业的服务是改善征纳双方关系、降低纳税成本的有效途径。发达国家的税务部门都十分重视对纳税人的服务态度和服务质量。通过设立电话咨询系统、网络查询系统、税收宣传与教育等方式及时将税收政策信息传递给纳税人，并有专人负责纳税人咨询工作，通过这样的服务帮助纳税人做到依法及时纳税。同样，地方税务部门在纳税服务方面也具有一定优势。

7.9.5 纳税服务逐渐社会化

作为公共服务的一种，政府提供纳税服务也要遵循成本效益的原则，不应当包揽全部的纳税服务。由于发达国家普遍采用的是自核自缴的纳税申报方式，面对相对复杂的税收条款，普通纳税人不能很好地完成纳税申报，专业的社会服务机构因此得到了迅速发展，纳税人可以购买专业税务中介机构的服务，例如税收筹划、税务分析、纳税咨询和投资建议等。很多国家非常重视通过社会机构和社会组织为纳税人提供纳税服务，从而形成政府和社会组织等主体共同提供的纳税服务体系。

7.9.6 注重维护纳税人的利益

相对而言，纳税人在税收的征纳过程中处于相对弱势的地位，对于征纳过程中产生的矛盾和纠纷，如果不能及时地解决，可能会加重纳税人对政府和税务部门的抵触情绪。当前发达国家力求在行政权力的架构范围之内设立一些中立机构，意图解决经济和税务纠纷，尽可能改善税收征纳双方的关系。由于地方税务部门更接近众多的纳税人，对纳税人的利益诉求也有更深入细致的了解，在维护纳税人的利益方面也就具有更多的责任担当。

第 8 章

我国税收体制改革的制度设计与政策建议

基于以上对我国税收体制运行现状和存在问题的全面考察和分析，本章从几个方面提出税收体制改革的构想和建议，以期为构建适应我国经济社会发展需要的财税体制提供参照方案，为政府的科学决策和财税制度建设提供政策参考。

8.1 深化税收体制改革的基本要求

第一，把税收体制改革作为国家治理体系的重要组成部分来推进。中共十八届三中全会将全面深化改革的总目标贯注于国家治理的现代化，将财税体制定位为国家治理体系的基础和重要支柱，这就把财税体制融入了国家治理体系中，并从国家治理视野归结出了财税体制的主要功能和作用。目前，新一轮的财税体制改革已将政府财政税收作为一个跨越经济、政治、社会、文化和生态文明等诸多领域的综合范畴，财税体制改革被置于国家治理的整体体系中来谋略和推进，财税体制改革被摆放到了事关国家治理体系和治理能力现代化这样一个更宽的视野和更高的位置。因此，作为财税体制改革重要组成部分的税收体制改革将会是全面深化改革的重点工程，是经济、政治、文化、社会、生态文明等方面改革的交汇，同时也是全面深化改革的基础工程，要为全面深化改革充当先行军和突破口。基于此，我国的税收体制改革必须放在国家改革发展的大框架中加以规划和设计，把构建适应国家治理体系和治理能力现代化要求的、适应经济和社会健康和可持续发展的、具有中国特色的税收体制作为最终目标，行动路线则是匹配国家治理现代化的进程，由建立现代税收制度和改革现行税收体制入手，推进国家治理体系和治理能力的现代化。

第二，把深化税收体制改革作为理顺政府间财政关系的重要实现途径来铺就。1994 年分税制改革确立了中央和地方政府间事权与财权的划分关系，20 多年来随着中央将财权逐步上收而把事权不断下移，地方政府的实际财权和初次掌握的财力越来越难以与事权相匹配，这不仅不利于地方财政公共职能的实现，而且也会诱导和增强地方与中央的税收博弈行为。现行税收体制所存在的诸多问题，实际上反映的是中央与地方政府在财政分配关系方面所面临的矛盾，而这一矛盾的根源就在于目前地方政府的事权和支出责任与其财权和财力不匹配，其所承担的事权所需要匹配的财权和财力难以通过目前分税制税收体制得到有效的满足，同时这一矛盾的直观表现就是税收关系和税收体制没有从根本上理顺。由此可见，进一步深化税收体制改革是在我国经济步入新常态后进一步处理好政府与市场经济的关系、政府与政府间关系的必然要求。税收体制作为国家财税体制的重要组成部分，必须按照事权、支出责任与财权和财力相匹配的要求，通过理顺税收体制和税收关系，进而推动理顺政府间财政分配关系，进一步建立健全公共财政体制。

第三，把深化税收体制改革作为有效降低税收征纳成本和提高征管效率的制度保障来构造。现行税收体制下存在的政府间税收博弈、国税地税争夺税源等现象，反映了税收管理权限未能依据税收制度内在特征有效配置而导致的税务行政资源内耗的问题。一方面，这大大降低了税收制度运行的效率；另一方面，这也大大增加了税收征收和纳税人的遵从成本。这种体制性因素所导致的税收成本浪费，仅仅通过压缩行政开支、减少行政经费等方式显然是无法从根本上缓解的，与之相反，还极易随着体制固化和惯性的问题长期存在而成为顽疾。因此，要想从根本上降低税收征纳成本，提高税收管理水平和税务征管效率，紧要的任务就是建立健全有利于税权合理配置、税收收入合理分配、税源合理管理的税收体制基础，为充分提高税收行政效率和税收管理水平奠定良好的制度保障。

8.2 深化税收体制改革的基本方向

税收体制是处理政府间税收和财力分配关系的核心内容，在落实党的十八大提出的“加快改革财税体制”部署的过程中，必须在理论上深刻揭示税收体制运行的特点、内在机理和客观规律性，深入研究税收体制的主要内容和其有效运行机制，构筑适合我国国情的新型税收体制模式和基本制度框架的理论体系。而且新型税收体制最终要服从于公共财政体系的建立，因此，税收体制的伦理基础和法理依据应根植于理顺政府间财政分配关系、事权与财力相匹配、财政均衡和基本公共服务均等化的理念和思想。

建立新型税收体制，首先要解决在各级政府之间如何正确划分与之承担的事权及支出责任相匹配的财力和税权，如何合理划分各级政府的税收立法权并清晰界定税收管理权限等基本问题。而税收体制的实现机制是科学界定和明晰划分各级政府的税收管理权限；推进路径是结合财税体制改革进程，逐步形成相互联系又相对独立的中央和地方税制。在明确了税收体制的改革方向和演进路径之后，至关重要的任务是构筑新型税制体系。新型税制体系应当包括税收管理权限明晰划分、中央和地方税系重构、税种科学设计和税收收入合理划分、各种税种的功能定位和相互协调、税收征管机构合理设置等。

通过实证考察我国现行税收体制现状后，发现目前我国税收体制在制度设计上还存在一定的缺陷，因此，应当重新谋略我国税收体制的改革策略和方案。改革的基本方向和构想是：在事权与财力财权相匹配财税体制的总体框架下，调整现行分税制财税体制，适当扩大地方政府税收管理权限，统筹谋划新型税收制度和税种体系，构建制度完善、体系健全、结构优化、功能完备、相对独立又相互协调的中央和地方税收体系。

8.3　深化税收体制改革的总体思路

税收体制的一个核心问题就是政府间税收管理权限分配的问题，其中主要包括税收立法权、税收收益权、税收征管权三个方面。从理论上而言，按照税权在中央与地方政府之间的集散程度，税收体制大体可以分为集权型、分权型以及集权分权结合型三种模式，然而结合国际经验来看，完全集权型和完全分权型的税收体制在实践中已经越来越少地被运用。不论是联邦制国家还是单一制国家，税收体制的发展演进都体现了集权与分权相结合的趋势。过去多采用中央集权的国家（比如法国），已经越来越呈现出向地方政府适当分权的趋势，而以往一直以分权为信条的国家（比如美国），也逐渐表现出比较明显的集权特征。结合我国的情况来分析，以往实行的中央高度集中的税权管理，主要体现在税收立法权方面，在税收收益权和税收征管权方面，一定程度上还是体现了分权的特点，当前需改进的主要还是分权的方式和范围。因此，以我国实际情况为基础，同时借鉴国际经验，现行税收体制改革的总体思路可以设定为：坚持相对集权与适度分权相结合的原则，在保证中央政令畅通、维护国家宏观调控的前提下，根据国家治理体系和治理能力现代化的要求，为促进地区之间的公平竞争，逐步消除税收分权中的行政色彩；提高税收立法权中的法律性特征，完善税收立法权的配置；增强税收收益权的经济性特征，调整税收收益权的分配；优化税收征管权的组织性特征，改进税收征管权的配置；通过改革逐渐形成中央和地方政府之间结构优化、功能完善、运转有序、运行高效的税权管理体系。

8.4 科学界定和明晰划分政府间税收管理权限的政策建议

8.4.1 以强化法律性分权为基础，完善税收立法权配置，逐步实现税收管理权能由“高度集中型”向“适度分散型”转变

市场经济条件下，政府的职责都是有限的。这不仅对政府总体而言如此，对中央和地方任何一级政府也是如此。在中央不能承担无限责任的情况下，根据权力与责任相对等的原则，将必要的税收立法权适度“下放”给地方，既有利于地方政府根据其提供地方性公共产品的职能配置财政资源，也有利于缓解在税权控制过于集中的情况下，中央政府所面临的地方行政干预对税权的冲击。因此，税收立法权适度“下放”，从某种程度上讲，也可以视为对中央所掌握税权的一种保护。

我国的理论界和实务界对“赋予地方政府适度的税收管理权”已经基本达成共识，问题的关键是如何把握税权下放的范围和度量，特别是在《税收征管法》规定税收的开征、停征、减税、免税、退税、补税等税收基本制度只能由法律制定的情况下，哪些税收立法权可以下放，应该如何

下放，更应该谨慎思量。因此，对中央政府必须掌握的税收立法权应明晰界定并确保拥有，对地方政府下放的税收立法权有必要在现行法律和管理体制的基础上适当调整和扩大。具体可包括以下几个方面：

第一，中央税的税收立法权完全集中于中央，包括税种开征、停征权，税目、税率调整权，税收减免权等，地方政府不得干预、违背，从而保障全国统一市场的建设和资源的自由流动。

第二，共享税以及在全国范围内普遍开征并且税源的流动性比较大的地方税种，其税收立法权基本集中于中央，如城市维护建设税；但对于中央设定了幅度税率的税种，地方政府可以在规定的幅度范围内，自行选择适用税率，从而既保证税收中性，不影响生产要素在全国范围自由流动和有效配置，又兼顾各地区的实际情况。

第三，对全国范围内普遍开征但税源的流动性比较小的地方税种，比如正在研究设立的房地产税，可以由中央制定基本的税收法律或暂行条例，就征收范围、计税依据、课税方式和减免税原则等内容做出统一规定，地方政府可以在法律法规规定的框架下，制定具体的实施细则，自行选择适用税率、明确减免税范围和标准等，从而在一定的程度上体现地方税收管理的独立自主。

第四，对各地税源差异较大且不宜在全国范围内普遍征收的税种（可视为地区性的税种），可以在保证国家宏观经济正常运行，不挤占中央税、共享税税源，不影响周边地区经济利益的前提下，允许地方通过立法程序，经过中央批准后立法开征；也可以由中央立法，地方政府自行决定是否开征；或者在中央已有税种的基础上，地方政府经过合法程序增设新的税目，从而在一定范围内体现地方政府税收立法权的相对灵活性，更好地满足地方因地制宜配置财政资源的要求。

第五，对于地方政府的税收立法权最多只能下放到省、自治区、直辖市和省、自治区政府所在地的市及副省级城市，而不能层层下放，以避免税权过度分散。同时，可参照国际经验，中央对地方税收立法具有“否决权”，从而有效约束地方政府行使税收立法权，防止地方税收立法权的滥用。

8.4.2　以深化经济性分权为依托，调整税收归属权配置，逐步实现中央与地方税收分配关系由“税额分享型”向“税种分设型”转变

中央与地方政府之间无论是税收立法权的划分，还是税收征管权的划

分，其最终目的都是要保障各级政府税收收入的有效募集。因此，税收收入在各级政府间的划分问题，也就是税收收益权问题，实际上又成了税权问题的核心。建立合理的税收收入分配机制，是有效配置政府间税收立法权和税收征管权并保障其规范运行的基础。按照经济性分权的思路，根据各税种内在的经济特点划分政府间税收收入，是实行了分税制的市场经济国家的普遍做法。我国 1994 年税制改革在这方面做出了重大改变，但是因为经济性分权不够彻底，改革仍需要进一步推进。今后重点是要解决共享税税种设置不合理、地方税种缺位所带来的中央与地方在税收收入分配以及相关的税收征管中的矛盾，而解决这一问题的关键就在于构建相对独立且完备的中央和地方税制体系，着力建立健全地方主体税种，适度降低共享税比重，以此减轻中央和地方财政对共享税收入的过度依赖。

通常情况下，中央税和地方税的确立，主要体现三个方面的基本原则：一是经济合理性原则。对全国经济发展有重要影响，税收收入规模较大、税基流动性较强的税种，比较适合作为中央税，有利于保障国家宏观调控政策和中央政府职能的有效实施。相应的，对于税收收入规模较小、税基流动性较弱的税种，就比较适合作为地方税。二是税源受益性原则。对受益于全国性或者跨区域性公共服务的税源，适合作为中央税或共享税；对主要受益于地方性公共服务的税源，适合作为地方税。三是征管便利性原则。对税源地域性差异较大的税种以及税基的变化与地理位置相关性较高的税种，适合作为地方税，有利于因地制宜配置税收征管资源，提高税收征管效率。基于上述三个基本原则，考虑到税收收益权的配置调整，涉及中央与地方利益的重新分配，容易遇到来自地方政府的阻力，因此，比较适合采取“从地方到中央”的方式逐步推进。首先确立地方政府主体税种，在此基础上缩小中央与地方共享税范围，最终相应确立完全意义上的中央税收体系。

第一，合理选择地方税主体税种。按照上述三个基本原则来衡量，房地产税作为财产税的其中之一，由于税基流动性较弱，税源分布广泛，不容易引发各地区之间税收管理权的争夺，因此最适合作为地方主体税种。更何况自 2016 年以来全国一二线城市的房地产市场正如火如荼地发展，高涨的房价和日益攀上高峰的销量也为地方政府提供了大量的税收来源，有利于保障地方政府的基本税收收入。从国际经验来看，这也是许多国家的通行做法，从我国地方税收体系建设来看，选择房地产税作为地方税主体税种的可行性也是比较高的。但是，我国目前实行的房地产税无论是从制度设计，还是从组织收入功能的角度，都与国际上成熟的房地产税有着较大的差距，还难以担任地方主体税种的角色，迫切需要进行改革，以尽快壮大其组织收入功能，抓紧将其培育为地方主体税种。

第二，科学界定地方主体税种对应的政府层级。因为我国政府层级划分中“地方”的概念与其他国家尤其是联邦制国家存在较大差异，因此，将房地产税作为地方主体税种需要进一步界定其对应的政府层级。房地产税作为对不动产的征税，直接反映了房地产所在地的税源，根据房地产税作为一种受益税的理论，纳税人支付的房地产税，应主要归属于在房地产所在地直接为纳税人提供公共服务的政府。换言之，房地产税应该是属于市级或县级这类较低层级的地方政府的主体税种，而不适合将其作为省级政府的主体税种。同时，考虑到我国目前土地出让金等有关房地产的收费也主要是归属于市级或县级政府的实际情况，实施改革后的房地产税，也比较适合将其收入划归市级或县级政府所有，以免利益调整过大而增加改革的难度。此外，从国际经验看，许多国家，如美国、加拿大、英国等，其房地产税也一般都是属于州以下政府的收入。至于房地产税在地市、区、县政府之间的分配问题，考虑到地市政府在提供地方性公共产品与公共服务方面也发挥着较大的作用，因此可在地级市与其所辖区域之间实行房地产税共享，而县以下地方的房地产税收入，则坚持属地化原则确定收入归属。按照这一思路构建地方主体税种，不仅有利于完善地方税体系的建设，而且还将有利于促进省以下分税制税收体制的完善，特别是对于解决近年来比较突出的县乡财政困境问题，将会起到重要的推动作用。

第三，重新划分中央与地方政府税收收入分享体制。在将房地产税培育为省以下地方主体税种后，对于中央与省级政府间的税收分享关系也需要进行合理的调整。从国际经验看，许多国家一般以州（省）个人所得税和销售税（或一般消费税）作为其主体税种。实行“营改增”之后，我国目前构成省级政府主要税收来源的是增值税和所得税中地方分享部分。随着生产要素跨区域自由流动、企业组织机构跨区域配置程度进一步加深，把以法人为纳税主体的企业所得税由共享税改为中央税，对于缓解地区间税收利益的争夺、促进全国统一市场的建设将更为有利。同时，随着全面实行“营改增”，营业税已经退出历史舞台，而增值税由于其税基的流动性较大，作为共享税税种，也容易带来地区之间税负的转移和政府之间税源的争夺，将其纳入中央税范围更符合税收中性的内在要求和国际惯例。因此，从省级政府主体税收收入的发展趋势看，个人所得税将成为其主要来源。虽然个人所得税税基与企业所得税一样，也具有较强的流动性，但总体而言，将其作为中央与省级政府共享税，对于全国统一市场的建设以及各地区间税收利益争夺的影响，相对会更小一些。至于具体的分享比例，可参考以往增值税转为共享税的经验，适度提高省级政府参与个人所得税分配的份额，比如将分享比例由目前的中央 60%、地方 40%，调整为各占 50%。

总体而言，上述税收收益权的调整涉及中央与地方税收收入分配关系的重大变革，难以一蹴而就，需要分步骤、多方面协调实施。一方面，需要在逐步建立健全房地产税制的同时，逐步降低地方参与增值税、企业所得税分享的比例，同时提高地方分享个人所得税的比例。另一方面，需要政府间财政转移支付制度改革的配套跟进，以保障增值税与企业所得税转为中央税后地方政府行使事权的财力所需。改革的方向是围绕推进公共服务均等化的要求，充分考虑各地自然、地理、人文等因素所导致的公共服务供给中的成本差异，从而更好地避免地方政府对中央税收征管过程中的行政干预，更为有效地健全中央与地方财力和事权相匹配的财税体制。

8.4.3 以优化组织性分权为保障，改进税收征管权配置，逐步实现国税、地税机构分设由“职能交叉型”向“职能融合”转变

合理地设置税务组织机构，是保障税权特别是税收征管权稳定、规范、高效行使的重要保障。无论从国际经验，还是从我国实践来看，在中央和地方政府对于征税权都不愿意而且也不可能舍弃的情况下，优化组织性分权范围，是改进税收征管权配置的现实选择。

对税收征管权进行改革的总体思路是：以深化法律性分权和经济性分权为基础，在税收立法权、税收收益权改革优化的前提下，按税种划分中央税收收入和地方税收收入的归属，改进税收征管权配置，避免征管职能的交叉重叠，实现征管职能的有机融合与协调。

具体步骤可以分为三个方面进行：第一，在将房地产税建设为地方主体税种的同时，将企业所得税全部划归国税。第二，在实施“营改增”及增值税扩围之后，逐步将个人所得税改为中央与地方各按 50% 的比例分享，并考虑到历史惯例及已有的征管基础，对个人所得税的征管实行整合。第三，在完善政府间转移支付制度的同时，将增值税、特别消费税、

企业所得税全部作为中央收入，由此对地方收入的影响通过规范的财政转移支付加以解决，从而彻底消除地方政府对中央收入进行行政干预和争夺的制度性因素。

此外，建立深度合作征管机制，落实《深化国税、地税征管体制改革方案》，有利于发挥原国税、地税部门的各自优势，推动服务深度融合、执法适度整合、信息高度聚合，打破部门之间的藩篱。建立国税、地税深度合作的统一征管机制，可以从以下几个方面做起：一是建立联合办税服务厅，方便纳税人办税，有利于提高纳税人的税收遵从度和满意度。二是互认核定的中央税种和地方税种的纳税额，共同开展重大涉税案件税务稽查，有利于降低税收收入的流失率和征纳成本。三是共用税收管理系统，互通税收信息。2016 年全国“金税三期”工程到位后，从国家税务总局层面，统筹安排税务机关在征管系统上共享纳税人登记、申报、发票、停业、注销等信息，解决基层税务机关手工交换、纸质传递烦琐、滞后的问题。四是完善金税系统中原国税、地税相互代征税费功能，实现主管税收与代征税费同时计征，实时传递信息，实时缴入对应金库，自动产生代征税费报表；改变目前窗口人员代征税费在不同系统切换时重复录入申报数据，月底汇总更改入库的落后模式，减少手工操作差错，实现主管税收与代征税费的系统监管。

同时，根据国家治理体系的要求，建立“绿色”征管考核体系，改变地方税收任务与 GDP 增长相挂钩的做法，有利于减少或消除原征管机构设置衍生的互相博弈，缓解地方政府越权管辖的动机，从而建立地方税收收入增长与地方税源结构相一致、地方税收收入规模与地方政府的事权相匹配的科学考核方法。

另外，随着时代的进步和发展，再加上大数据时代和云计算的兴起，利用深化税制改革创造的有利条件，有利于打通获取第三方涉税信息的通道；依托计算机网络技术，健全纳税人数据库，有利于全面提升税务部门对税源及计税依据的监控能力；设立集约化、扁平化的征管机构，有利于重新构建职责明晰、流程通畅、运转高效的税收管理模式。

根据上述总体思路和具体步骤，从长期的发展方向看，曾经两套税务机构之间税收征管权的冲突能得到较好的规避，税收征管效率也能够得到较大的提高。

8.5 地方税系的建立和完善

地方税系的建立和完善在整个税收体制和模式中具有非常重要地位和作用，亦是税收体制和模式运行的载体。鉴于我国目前地方税系不完整、不健全的情况，在完善税收体制和建立规范高效的运行模式的要求下，必须大力推进地方税系的建设。当前，地方税系建设涉及的主要地方税种有房地产税、零售消费税、个人所得税等。

8.5.1 房地产税

为了避免政府间存在恶意竞争导致资源配置效率的低下，要求地方主体税种的税基流动性较小。房地产税其课税对象为居民的不动产，具有典型的非流动性特征，即使不同地区之间税负存在差距，部分地区实行低税率或者给予一定的税收优惠，也不会导致课税对象的流动和转移致使税源在各个地区之间流动，从而有效地遏制了不同地方政府间为了挖掘税源，肆意降低税收，造成政府间恶意税收竞争、扭曲资源配置、干扰了市场经济健康发展的情况发生。此外，将房地产税作为地方主体税种，地方政府的房地产税收入来源主要取决于本地区居民房地产的价值，然而本地区居民房地产价值的高低很大程度上由地方公共产品与公共服务供给的质量和效率所决定，故本地区居民房地产成为制约地方财政收入来源的重要因素，促使地方政府增加公共产品供给、完善公共服务水平，提高政府财政支出效率。

8.5.2 零售消费税

改革现有的消费税，通过整合现有的消费税、车辆购置税，开征零售环节的零售消费税。消费税应划分为特别消费税和零售消费税两类，特别消费税属于中央税种，突出它的特殊调节功能和国家的调控意图；零售消费税则应作为地方税种，通过普遍征收体现其普遍调节的作用。将零售环节的零售消费税作为地方税种符合现代财政制度下地方主体税种选择的需要。零售消费税的征收环节为最终消费环节，最终的税收负担者多为本地的居民和消费者，税基流动性小，能够保证征收经济效率。零售销售税的课税对象为最终消费品，产品种类繁多，地方政府更容易掌握本地的消费情况，征管效率高。零售消费税是典型的间接税，税收负担最终由本地居民和消费者承担，居民的生活显然离不开地方政府提供的各种公共产品和各项公共服务，因此当地居民纳税与接受当地政府提供的公共产品和公共服务具有对应关系，所以将零售消费税划归地方政府符合受益原则，也易于被纳税人及公众所接受。

8.5.3　个人所得税

个人所得税的纳税人数量大，税源分散，而且随着我国综合分类所得税改革的推进，税收征管的难度会进一步加大。相比于中央政府，地方政府更容易掌握居民的各类收入的状况，并且居民收入的取得一定程度上和地方政府提供的公共产品和公共服务有关，而且省级政府在一定程度上承担着调节本地居民收入的职责，因此由省级政府分享一定的个人所得税收入符合受益原则。虽然个人所得税税基具有较大流动，并且对经济发展和收入分配具有很强的调节作用，由地方政府征收可能会引起居民及税源在地区间的流动和地区间收入差距的扩大，不完全符合经济效率原则，更适合划归为中央税。但是，税权划分以及划分的原则并不是绝对的，从国外的运行实践来看，很多国家将个人所得税作为与中央政府的个人所得税并立的一个地方独立的主体税种，实行“同一税源、分率计征”或“税收寄征”的征收办法。考虑到当前我国地方财力保障不足的现实情况，可考虑通过税制结构的优化和个人所得税制度自身的改进与完善，逐步增加地方在个人所得税收入中的分享比例，使之成为地方政府的重要财政收入来源。

参考文献

[1]“UNDP中国促进减贫的财政能力建设”项目赴美培训税收科研课题组、孙红梅、修兴高、甘霖、吴燕、刘丽:《美国税权划分制度评析与借鉴》,载于《涉外税务》2007年第2期,第31~36页。

[2]“深化财税体制改革”课题组、宋立:《深化我国财政税收体制改革的总体思路、主要任务与改革重点(总报告)》,载于《经济研究参考》2009年第26期,第2~27页。

[3]《我国税收体制的改革研究》课题组、苏明、刘正均、张学诞、黄运、梁季、王晓雪:《我国税收体制的改革研究——兼论我国税收成本的体制性因素及其优化》,载于《财政研究》2009年第11期,第34~42页。

[4] 安徽省财政厅课题组、罗建国、左俊:《深化财税体制改革的若干思考和建议》,载于《经济研究参考》2013年第20期,第22~26、47页。

[5] 安体富、翟景明、杜炎:《关于完善地方税收体系的研究(上)》,载于《成人高教学刊》2002年第5期,第7~10页。

[6] 安毅:《我国中长期税制改革研究》,载于《税务研究》2010年第10期,第9~20页。

[7] 白思达:《世界税制改革趋势及完善我国税制的研究》,吉林财经大学硕士学位论文,2014年。

[8] 白彦峰:《单一制国家赋予地方税收立法权的可行性分析——基于我国国情的探讨》,载于《行政论坛》2008年第5期,第74~76页。

[9] 白彦锋:《税收法定主义原则与政府税收立法权的界定》,载于《河北法学》2004年第10期,第73~76页。

[10] 毕雪芳:《我国财政税收体制创新对策探究》,载于《财经界(学术版)》2016年第11期,第313页。

[11] 伯特·布莱斯、斯蒂芬·马修斯、理查德·荷德、王晓、陈延

忠：《中国的税制改革（上）》，载于《国际税收》2014年第1期，第30~37页。

[12] 财政部财政科学研究所《我国税收体制的改革研究》课题组供稿：《我国60年税收体制评价》，载于《中国财经报》2009年第9期。

[13] 曹静韬、唐维模：《1994年以来的中国税制改革评述》，载于《税务研究》2014年第10期。

[14] 陈金海：《关于财税体制改革的理论研究》，载于《经济研究参考》2012年第22期，第73~79页。

[15] 陈鹏：《美国与法国地方财政体制对比及对我国的启示》，载于《沈阳大学学报》2010年第2期，第46~50页。

[16] 陈娴、孙文基、林鹏生：《我国税权划分的现状、问题与对策》，载于《财政研究》2011年第10期，第45~47页。

[17] 陈志勇、陈莉莉：《财税体制变迁、“土地财政”与经济增长》，载于《财贸经济》2011年第12期，第24~29、134页。

[18] 崔威：《税收立法高度集权模式的起源》，载于《中外法学》2012年第4期，第762~781页。

[19] 崔艳辉、于冬梅：《税收收益权配置对区域经济协调发展影响分析——以黑龙江省为着眼点的比较分析》，载于《金融理论与教学》2012年第1期，第71~74页。

[20] 崔运政：《财政分权与完善地方财政体制研究》，中国财政科学研究院硕士学位论文，2011年。

[21] 单新萍：《中国税收分权的激励效应实证研究》，武汉大学博士学位论文，2012年。

[22] 董晓岩：《税收征管效率研究综述与内涵辨析》，载于《税务与经济》2010年第6期，第79~85页。

[23] 傅红伟：《对税收立法权划分制度规定的理解与评价》，载于《税务研究》2004年第12期，第33~35页。

[24] 傅红伟：《论授予地方税收立法权的必要性与可行性》，载于《行政法学研究》2002年第2期，第28~32、39页。

[25] 高培勇：《奔向公共化的中国财税改革——中国财税体制改革30年的回顾与展望》，载于《财贸经济》2008年第11期，第53~61、126页。

[26] 高培勇：《论国家治理现代化框架下的财政基础理论建设》，载

于《中国社会科学》2014 年第 12 期，第 102 ~122、207 页。

[27] 高培勇：《论完善税收制度的新阶段》，载于《经济研究》2015 年第 2 期，第 4 ~15 页。

[28] 高培勇：《新一轮税制改革评述：内容、进程与前瞻》，载于《财贸经济》2009 年第 2 期，第 5 ~12 页。

[29] 高强：《关于深化财税体制改革的几点思考》，载于《上海财经大学学报》2014 年第 1 期，第 4 ~10、22 页。

[30] 高亚军：《中国地方税研究》，中国社会科学出版社 2012 年版。

[31] 高玉：《中国税收分权与地区经济增长：1998 ~2010》，复旦大学硕士学位论文，2012 年。

[32] 龚锋、雷欣：《中国式财政分权的数量测度》，载于《统计研究》2010 年第 10 期，第 47 ~55 页。

[33] 龚锋、卢洪友：《财政分权与地方公共服务配置效率——基于义务教育和医疗卫生服务的实证研究》，载于《经济评论》2013 年第 1 期，第 42 ~51 页。

[34] 龚锋、卢洪友：《公共支出结构、偏好匹配与财政分权》，载于《管理世界》2009 年第 1 期，第 10 ~21 页。

[35] 郭连成：《俄罗斯税收征管体制及其特点》，载于《东欧中亚市场研究》2000 年第 1 期，第 11 ~18 页。

[36] 郭连成：《俄罗斯中央与地方政府间财政关系研究》，载于《世界经济》2002 年第 10 期，第 20 ~27 页。

[37] 郭庆旺、贾俊雪：《财政分权、政府组织结构与地方政府支出规模》，载于《经济研究》2010 年第 11 期，第 59 ~72、87 页。

[38] 国家税务总局税收科学研究所课题组、靳东升：《国外税制改革发展方向与经验的研究》，载于《经济社会体制比较》2012 年第 6 期，第 13 ~23 页。

[39] 何开颐：《税收收入分享体制改革后税收征管存在的问题及对策研究》，载于《中国总会计师》2010 年第 10 期，第 104 ~106 页。

[40] 贺俊、吴照：《财政分权、经济增长与城乡收入差距——基于省际面板数据的分析》，载于《当代财经》2013 年第 5 期，第 27 ~38 页。

[41] 胡贺波：《中国中央与地方政府间财政关系研究及效应评价》，湖南大学博士学位论文，2015 年。

[42] 胡建民：《我国税收征管问题研究》，华中科技大学博士学位论

文，2011 年。

[43] 胡顺义：《中央与地方政府间财政关系的效率分析》，载于《现代经济（现代物业下半月刊）》2008 年第 12 期，第 49 ~ 51 页。

[44] 黄景驰、蔡红英：《英国财政事权及支出责任机制研究》，载于《河南大学学报（社会科学版）》2016 年第 1 期，第 45 ~ 53 页。

[45] 霍军：《民族自治地方税收体制的变迁》，载于《税务研究》2010 年第 6 期，第 73 ~ 76 页。

[46] 霍军：《新中国 60 年税收体制的变迁》，载于《当代中国史研究》2010 年第 3 期，第 52 ~ 59、126 页。

[47] 霍军：《中国税收体制目标模式：完全型“一体两翼”架构》，载于《财贸经济》2011 年第 2 期，第 25 ~ 29 页。

[48] 贾康：《中国财税改革 30 年：简要回顾与评述》，载于《财政研究》2008 年第 10 期，第 2 ~ 20 页。

[49] 贾康、白景明：《县乡财政解困与财政体制创新》，载于《经济研究》2002 年第 2 期，第 3 ~ 9 页。

[50] 贾康、白景明：《中国地方财政体制安排的基本思路》，载于《财政研究》2003 年第 8 期，第 2 ~ 5 页。

[51] 贾康、程瑜：《新一轮税制改革的取向、重点与实现路径》，载于《中国税务》2014 年第 1 期，第 20 ~ 23 页。

[52] 贾康、梁季：《我国地方税体系的现实选择：一个总体架构》，载于《改革》2014 年第 7 期，第 57 ~ 65 页。

[53] 贾康、梁季：《中央地方财力分配关系的体制逻辑与表象辨析——客观存在的地区间“横向不均衡”，需要合理的中央、地方间“纵向不均衡”机制加以调节》，载于《财政研究》2011 年第 1 期，第 5 ~ 14 页。

[54] 贾康、刘军民、张鹏、刘微：《中国财税体制改革的战略取向：2010 ~ 2020》，载于《改革》2010 年第 1 期，第 5 ~ 19 页。

[55] 贾康、阎坤：《完善省以下财政体制改革的中长期思考》，载于《管理世界》2005 年第 8 期，第 33 ~ 37 页。

[56] 姜周：《论我国财政税收体制的改革与创新》，载于《教育现代化》2016 年第 20 期，第 11 ~ 12 页。

[57] 匡小平、刘颖：《制度变迁、税权配置与地方税体系改革》，载于《财经问题研究》2013 年第 3 期，第 77 ~ 81 页。

[58] 李国珍：《我国税收体制的改革及完善》，载于《经济导刊》2011年第12期，第38~39页。

[59] 李建军：《税收征管效率与实际税率关系的实证研究——兼论我国“税收痛苦指数”降低的有效途径》，载于《当代财经》2013年第4期，第37~47页。

[60] 李建军、赵桂芹、单年宏：《我国税收征管效率实证分析——基于修正的三阶段DEA方法》，载于《税务与经济》2012年第1期，第85~91页。

[61] 李晶：《中国新一轮税制改革的重点与安排》，载于《宏观经济研究》2015年第1期，第18~30、87页。

[62] 李明晓：《我国政府间财力与事权相匹配的税收体制改革思考》，载于《经济研究参考》2008年第63期，第8~10页。

[63] 李齐云、刘小勇：《财政分权、转移支付与地区公共卫生服务均等化实证研究》，载于《山东大学学报（哲学社会科学版)》2010年第5期，第34~46页。

[64] 李升：《地方税体系：理论依据、现状分析、完善思路》，载于《财贸经济》2012年第6期，第36~42页。

[65] 李升：《完善地方税体系的实证分析——基于税收收益权的视角》，载于《财政监督》2015年第27期，第59~66页。

[66] 李文：《税收立法权纵向分权的制度保证》，载于《税务与经济》2004年第2期，第61~64页。

[67] 李文：《税收立法权纵向划分初探》，载于《税务与经济》2000年第6期，第5~7页。

[68] 梁育从：《中国政府间税权划分研究》，中国财政科学研究院硕士学位论文，2010年。

[69] 林权、闫旭：《我国税收体制存在的主要问题与改革方向》，载于《知识经济》2016年第8期，第56~57页。

[70] 刘畅、王骏：《构建我国省级政府税政管理权体系的探讨》，载于《税务研究》2014年第1期，第26~30页。

[71] 刘汇涛：《浅谈完善财政税收体制的措施》，载于《财经界（学术版)》2013年第23期，第262页。

[72] 刘剑文：《论财税体制改革的正当性——公共财产法语境下的治理逻辑》，载于《清华法学》2014年第5期，第6~21页。

[73] 刘剑雄：《论我国地方税体系的立法完善》，华中师范大学硕士学位论文，2015年。

[74] 刘军：《关于推进税收体制改革的思考》，载于《税务研究》2009年第6期，第75~78页。

[75] 刘丽、张彬：《法国政府间事权、税权的划分及法律平衡机制》，载于《湘潭大学学报（哲学社会科学版）》2013年第6期，第65~69页。

[76] 刘丽、张彬：《美国政府间事权、税权的划分及法律平衡机制》，载于《湘潭大学学报（哲学社会科学版）》2012年第6期，第53~58、76页。

[77] 刘蓉、罗帅：《"十三五"时期税制改革取向》，载于《税务研究》2015年第11期，第9~12页。

[78] 刘尚希、梁季：《税制改革20年：回顾与前瞻》，载于《税务研究》2014年第10期，第3~6页。

[79] 刘佐：《地方税制度改革"十一五"回顾与"十二五"展望——兼论房地产税改革》，载于《地方财政研究》2011年第4期，第41~44页。

[80] 刘佐：《税制改革顶层设计三个主要问题初探》，载于《税务研究》2013年第6期，第34~41页。

[81] 卢洪友：《中国政府间财政关系实证分析——兼析基层公共治理的财政困境及路径》，载于《华中师范大学学报（人文社会科学版）》2006年第1期，第30~35页。

[82] 鲁元平、杨灿明：《财政分权、地方政府支出偏好与居民幸福感——基于分税制后的中国经验证据》，载于《中南财经政法大学学报》2013年第4期，第3~12页。

[83] 吕冰洋：《现代政府间财政关系的构建》，载于《中国人民大学学报》2014年第5期，第11~19页。

[84] 吕冰洋：《政府间税收分权的配置选择和财政影响》，载于《经济研究》2009年第6期，第16~27页。

[85] 吕炜、陈海宇：《中国新一轮财税体制改革研究——定位、路线、障碍与突破》，载于《财经问题研究》2014年第1期，第3~10页。

[86] 马海涛：《分税制改革20周年：动因、成就及新问题》，载于《中国财政》2014年第15期，第40~43页。

[87] 马海涛、姜爱华:《优化税权配置完善地方税体系》, 载于《税务研究》2011 年第 11 期, 第 3 ~9 页。

[88] 马海涛、肖鹏:《中国财税体制改革 30 年经验回顾与展望》, 载于《中央财经大学学报》2008 年第 2 期, 第 1 ~6 页。

[89] 马明:《美国政府间财政关系的考察与借鉴》, 载于《经济纵横》2000 年第 3 期, 第 53 ~58 页。

[90] 马万里:《健全财力与事权相匹配的财税体制》, 载于《管理学刊》2013 年第 2 期, 第 31 ~36 页。

[91] 苗连营:《税收法定视域中的地方税收立法权》, 载于《中国法学》2016 年第 4 期, 第 159 ~178 页。

[92] 倪红日:《对中国政府间财政关系现状的基本判断和发展趋势分析》, 载于《经济社会体制比较》2007 年第 1 期, 第 43 ~49 页。

[93] 彭澄:《对美国税制改革的综合评价》, 载于《涉外税务》1991 年第 11 期, 第 26 ~28 页。

[94] 秦慧莉:《新一轮税制改革视角下地方税体系的完善》, 苏州大学硕士学位论文, 2015 年。

[95] 深化财税体制改革课题组、郭树清:《深化财税体制改革　加快建立现代财政制度》, 载于《公共财政研究》2015 年第 1 期, 第 4 ~22 页。

[96] 沈坤荣、付文林:《中国的财政分权制度与地区经济增长》, 载于《管理世界》2005 年第 1 期, 第 31 ~39、171 ~172 页。

[97] 四川省国际税收研究会课题组、王明普、张培生:《借鉴国际经验完善我国税收征管模式》, 载于《税务研究》2013 年第 12 期, 第 53 ~55 页。

[98] 宋立:《深化财政税收体制改革的总体思路、主要任务与战略步骤》, 载于《经济学动态》2008 年第 10 期, 第 67 ~72 页。

[99] 孙文基、魏文斌:《税权划分的国际比较与借鉴》, 载于《国外社会科学》2011 年第 2 期, 第 83 ~87 页。

[100] 谭融、罗湘衡:《论德国的政府间财政关系》, 载于《南开学报 (哲学社会科学版)》2007 年第 5 期, 第 82 ~88 页。

[101] 谭志哲:《论我国税收立法权的制约——兼对〈宪法〉第 56 条的法理解释》, 载于《社会科学家》2012 年第 3 期, 第 105 ~108 页。

[102] 汤贡亮:《合理划分税收立法权与税收管理权》, 载于《法学

杂志》2005 年第 3 期，第 56 ~ 58 页。

［103］田发：《重构地方政府间财政关系》，中南财经政法大学博士学位论文，2005 年。

［104］王蓓、计金标：《政府间横向税收分配的理论基础：内涵与原则》，载于《经济体制改革》2013 年第 6 期，第 122 ~ 126 页。

［105］王朝才：《日本中央和地方财政分配关系及其借鉴意义》，载于《经济研究参考》2005 年第 81 期，第 37 ~ 46 页。

［106］王晨曦：《浅议我国税收体制的改革及完善》，载于《东方企业文化》2012 年第 10 期，第 131 页。

［107］王诚尧：《适当下放地方税立法权　完善税收立法体制》，载于《涉外税务》2007 年第 2 期，第 45 ~ 48 页。

［108］王诚尧：《完善税收体制应合理划分立法权和执法权》，载于《中国税务报》2010 年 3 月第 24006 期。

［109］王德平：《完善我国税收体制的初步构想》，载于《税务研究》2008 年第 2 期，第 72 ~ 73 页。

［110］王德祥、李建军：《我国税收征管效率及其影响因素——基于随机前沿分析（SFA）技术的实证研究》，载于《数量经济技术经济研究》2009 年第 4 期，第 152 ~ 161 页。

［111］王建华：《我国财政税收体制创新对策探究》，载于《中国商界》2010 年第 8 期，第 54、80 页。

［112］王江璐、伍红：《新一轮税制改革应如何规避“黄宗羲定律”》，载于《当代财经》2016 年第 4 期，第 20 ~ 28 页。

［113］王文华：《中央与地方政府财政关系的博弈行为分析》，载于《社会科学研究》1999 年第 2 期，第 86 ~ 91 页。

［114］王文剑：《中国的财政分权与地方政府规模及其结构——基于经验的假说与解释》，载于《世界经济文汇》2010 年第 5 期，第 105 ~ 119 页。

［115］王文剑、覃成林：《地方政府行为与财政分权增长效应的地区性差异——基于经验分析的判断、假说及检验》，载于《管理世界》2008 年第 1 期，第 9 ~ 21 页。

［116］王文剑、仉建涛、覃成林：《财政分权、地方政府竞争与 FDI 的增长效应》，载于《管理世界》2007 年第 3 期，第 13 ~ 22、171 页。

［117］王智烜：《英国税收征管经验及启示》，载于《国际税收》

2014 年第 12 期，第 60 ~ 62 页。

[118] 温希波：《当前税收体制存在的问题和改革取向》，载于《地方财政研究》2008 年第 9 期，第 49 ~ 51 页。

[119] 文红星：《日本政府间财政关系的演变及启示》，载于《亚太经济》2011 年第 3 期，第 67 ~ 70、80 页。

[120] 吴俊培、张帆：《基于税收体制对中国税制改革探讨》，载于《中央财经大学学报》2015 年第 1 期，第 3 ~ 10 页。

[121] 吴旭东：《省级以下国税、地税管理机构改革的思考》，载于《地方财政研究》2005 年第 2 期，第 33 ~ 36 页。

[122] 吴旭东：《税收管理形式决定税收管理机构的设置——兼论我国省级以下国税、地税机构能否合并》，载于《财经问题研究》2004 年第 11 期，第 52 ~ 56 页。

[123] 谢芬、肖育才：《财政分权、地方政府行为与基本公共服务均等化》，载于《财政研究》2013 年第 11 期，第 2 ~ 6 页。

[124] 谢贞发：《税收立法权的划分》，载于《税务研究》2006 年第 4 期，第 23 ~ 26 页。

[125] 谢贞发：《中国式分税制的税收增长之谜》，载于《中国工业经济》2016 年第 5 期，第 92 ~ 108 页。

[126] 谢贞发、范子英：《中国式分税制、中央税收征管权集中与税收竞争》，载于《经济研究》2015 年第 4 期，第 92 ~ 106 页。

[127] 谢贞发、张玮：《中国财政分权与经济增长——一个荟萃回归分析》，载于《经济学（季刊）》2015 年第 2 期，第 435 ~ 452 页。

[128] 徐国祥、龙硕、李波：《中国财政分权度指数的编制及其与增长、均等的关系研究》，载于《统计研究》2016 年第 9 期，第 36 ~ 46 页。

[129] 徐阳光：《单一制、财政联邦与政府间财政关系》，载于《财政经济评论》2013 年第 1 期，第 65 ~ 77 页。

[130] 徐永胜、乔宝云：《财政分权度的衡量：理论及中国 1985 ~ 2007 年的经验分析》，载于《经济研究》2012 年第 10 期，第 4 ~ 13 页。

[131] 许广博：《基于税权划分视角的地方税系改革探析》，西南财经大学硕士学位论文，2014 年。

[132] 许璞、苏振天：《税制改革、经济效率和社会福利——基于 A - KOLG 框架下的动态 CGE 模拟分析》，载于《当代财经》2012 年第 1 期，第 33 ~ 45 页。

[133] 许闲：《德国政府间三级事权划分与财政支出》，载于《中国财政》2009年第17期，第63~64页。

[134] 闫泽滢、李光龙：《中国税收立法权划分对政府间纵向财力的影响》，载于《经济体制改革》2009年第6期，第124~128页。

[135] 杨斌：《关于我国地方税体系存在依据的论辩》，载于《税务研究》2006年第5期，第32~38页。

[136] 杨志勇：《省直管县财政体制改革研究——从财政的省直管县到重建政府间财政关系》，载于《财贸经济》2009年第11期，第36~41、136页。

[137] 杨志勇：《税制改革前景：与1994年改革的比较研究》，载于《税务研究》2013年第11期，第34~38页。

[138] 易有禄、李婷：《税收法定原则视野下的税收立法权回归》，载于《江西财经大学学报》2014年第1期，第121~129页。

[139] 尹守香：《关于我国税收立法权入宪的思考》，载于《山东工商学院学报》2015年第4期，第93~97页。

[140] 尹守香：《我国税收立法权配置问题研究》，首都经济贸易大学博士学位论文，2013年。

[141] 尤倩之：《德国税收立法对我国税收体系重构的借鉴》，载于《中国商界》2009年第11期，第284~285页。

[142] 于树一：《论国家治理框架下事权和支出责任相适应的政府间财政关系》，载于《地方财政研究》2015年第5期，第11~16、22页。

[143] 余红艳、沈坤荣：《税制结构的经济增长绩效——基于分税制改革20年实证分析》，载于《财贸研究》2016年第2期，第104~111页。

[144] 袁明圣：《税收法定原则在中国：收回税收立法权没有时间表》，载于《江西财经大学学报》2014年第4期，第120~128页。

[145] 曾远：《FTZ中小微企业金融创新与税收体制改革互动》，载于《哈尔滨商业大学学报（社会科学版）》2014年第2期，第112~116页。

[146] 张光：《财政分权省际差异、原因和影响初探》，载于《公共行政评论》2009年第1期，第133~158、204~205页。

[147] 张光：《中国政府间财政关系的演变（1949~2009）》，载于《公共行政评论》2009年第6期，第26~57、202~203页。

[148] 张龙华：《政府间财政关系的国际比较和借鉴》，载于《西南政法大学学报》2006 年第 6 期，第 100～106 页。

[149] 张扬伟：《我国财政税收体制创新对策探究》，载于《现代经济信息》2012 年第 13 期，第 93、95 页。

[150] 张中华、赵英：《俄罗斯各级政府间财政关系改革：进程、问题与启示》，载于《俄罗斯研究》2005 年第 2 期，第 56～60 页。

[151] 赵涛、王博然：《借鉴风险管理理论 创新税收体制机制》，载于《税务与经济》2010 年第 4 期，第 105～107 页。

[152] 赵志耘、郭庆旺：《税制改革分析的理论基础》，载于《税务研究》2001 年第 3 期，第 45～52 页。

[153] 郑永年、王旭：《论中央地方关系中的集权和民主问题》，载于《战略与管理》2001 年第 3 期，第 61～70 页。

[154] 中国国际经济交流中心财税改革课题组：《深化财税体制改革的基本思路与政策建议》，载于《财政研究》2014 年第 7 期，第 2～10 页。

[155] 中国社会科学院财经战略研究院课题组：《全面深化财税体制改革的基本方向》，载于《经济研究参考》2014 年第 22 期，第 3～8 页。

[156] 中国税务学会学术研究委员会《税制改革》课题组：《关于我国税制改革的几个问题》，载于《税务研究》2005 年第 8 期，第 3～10 页。

[157] 周俊鹏：《论税收立法权纵向划分的基本思路》，载于《税务与经济》2008 年第 1 期，第 65～68 页。

[158] 周俊鹏：《论中央与地方税收立法权的具体划分》，载于《理论界》2008 年第 1 期，第 88～90 页。

[159] 周俊鹏：《税收立法权纵向划分的经济法理念》，载于《税务研究》2008 年第 3 期，第 71～73 页。

[160] 周业安、章泉：《财政分权、经济增长和波动》，载于《管理世界》2008 年第 3 期，第 6～15、186 页。

[161] 朱俊福：《分税制改革 20 年的成就、问题、未来取向》，载于《税务研究》2014 年第 10 期，第 12～15 页。

[162] 朱青：《完善我国地方税体系的构想》，载于《财贸经济》2014 年第 5 期，第 5～13 页。

[163] 邹东涛、马骁：《新制度经济学视角下我国政府间财政关系及

路径选择》，载于《深圳大学学报（人文社会科学版）》2013 年第 4 期，第 86～91 页。

[164] Akai, N., Nishimura, Y., and M., Sakata, 2007, "Complementarity, Fiscal Decentralization and Economic Growth", *Economic of Governance*, 8 (4), pp. 339 – 363.

[165] Brueckner, J. K., 1999, "Fiscal Federalism and Capital Accumulation", *Journal of Public Economic Theory*, 1 (2), pp. 205 – 224.

[166] Brueckner, J. K., 2001, "Fiscal Federalism and Economic Growth", *Journal of Public Economics*, 90 (10 – 11), pp. 2107 – 2020.

[167] Buchanan, James, "Liberty, Market and State", Harvesrer Press, 1986.

[168] Jackson, P. M., "The Management of Performance in The Public Scetor", *Public Money and Management*, 1988.

[169] Musgrave, "Income Tax Progression", *Political Economy*, 1959 (6).

[170] Oates, "Tax Policy in the Real World", Cambridge University Press, 1972.

[171] Qian, X., and R., Smytha, "Growth Accounting for the Chinese Provinces 1990 – 2000: Incorporating Human Capital Accumulation", *Journal of Chinese Economics and Business Studies*, 2006, 4 (1), pp. 21 – 37.

[172] Qian, Y., and G., Roland, "Federalism and the Soft Budget Constraint", *American Economic Review*, 1998, 88 (12), pp. 1143 – 1162.

[173] Qian, Y., and B. R., "Weingast, China's Transition to Markets: Market Preserving Federalism", Chinese Style, *Journal of Policy Reform*, 1996, 1, pp. 149 – 185.

[174] Qian, Y., and B. R., "Weingast, Federalism as a Commitment to Preserving Market Incentives", *Journal of Economic Perspectives*, 1997, 11, pp. 83 – 92.

[175] Qian, Y., Roland G., and C., Xu, "Coordination and Experimentation in M-form and U-form Organizations", *Journal of Political Economy*, 2006, 114, pp. 366 – 402.

[176] Qian, Y. and C. Xu, 1993, "Why China's Economic Reforms

Differ: The M-Form".

[177] Samuelson, P. A., "The Pure Theory of Public Expenditure", *Review of Economics and Institution*, 1971. 197.

[178] Tibeout, C. M., "A Pure Theory of Local Expenditures", *Journal of Political Economy*, 1956, 64 (5), pp. 416-424.

[179] "Oates W. E. Fiscal Federalism", Harcourt Brace Jovanovich, 1972.